FOOD
INDUSTRY
MANAGEMENT
외 식 사 업 의 모 든 것

외식경영 컨설팅 실무 매뉴얼

창업실무편

한 영 만 저

기문사
www.kimoonsa.co.kr

Prologue

머리말

창업시장에서 외식업은 전문 기술 없이도 쉽게 접근할 수 있는 진입장벽이 낮은 산업이라는 인식이 팽배하다. 따라서 은퇴를 하면 누구나 고민도 하지 않고 외식업의 문을 두드리는 것이 일반적인 사회현상이 되었다.

하지만, 외식업 특성에 대하여 전혀 이해하지 못한 상황에서 창업하는 것은 마치 불빛 만을 보고 달려드는 나방 무리의 행동과 다를 것이 없다. 그들의 생각과는 달리, 외식업은 생각만큼 단순하지도 않고, 실패의 확률 또한 매우 높은 사업이기 때문에 체계적인 경험을 쌓은 후에 시작하는 것이 좋다.

따라서 본서의 창업실무편은 외식업을 전혀 모르는 사람을 위한 책이 아님을 미리 밝혀둔다. 하지만, 외식업에 종사했거나 외식업에 관심을 두고 공부하는 학생이라면, 본서만으로도 외식업 창업과 관련된 모든 내용을 확인할 수 있도록 실무 중심으로 내용을 구성했다.

창업이 진행되는 전반 과정에서 쉽게 놓치는 문제들과 경험 없이는 알기 어려운 것들 그리고 인터넷에서도 쉽게 알려주지 않는 내용을 기록하려고 노력했다. 가급적 왜 그런지에 대한 설명도 추가하여 이해를 쉽게 하려는 노력도 게을리하지 않았다.

이 책에서 다룬 창업실무는 점포의 설계부터 7P MIX(Price, Place, Promotion, Process, Person, Product, Physical Evidence)와 관련된 내용이다.

지난 18년 동안 외식경영컨설팅 ㈜핌코리아가 창업 프로젝트를 진행하면서 쌓아온 노하우들을 고스란히 한 권의 책으로 만들었다. 지식을 공유, 창업 노하우를 필요로 하는 독자에게 도움이 되는 외식창업 비법서가 되기를 희망한다.

2022년 9월

외식경영컨설팅 (주)핌코리아

대표 컨설턴트 한 영 만

Contents

차 례

I

외식창업의 이해

I

외식창업의 이해

1. 국내 외식시장의 현황

2021년도 〈AT FIS 식품산업통계정보〉에 따르면, 2019년 기준 국내 음식업점의 시장규모는 144조에 달한다고 한다. 2010년 67조에 불과했던 시장규모가 10여 년 만에 220% 이상으로 성장한 결과를 확인할 수 있다.

외식업 산업현황(2010년~2019년)

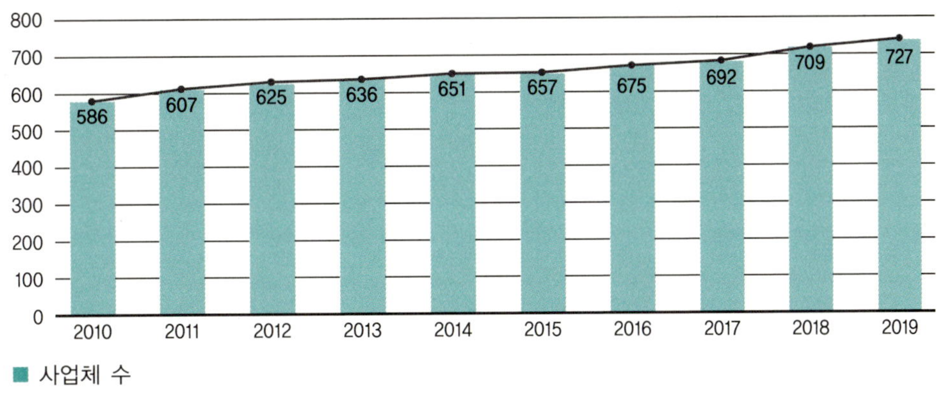

단위(천 개, 천 명, 십억 원, 백만 원/개소, 백만 원/명, 천 원/m^2)

구분	2010	2011	2012	2013	2014	2015	2016	2017	2018	2019	전년대비
사업체 수	586	607	625	636	651	657	675	692	709	727	▲ 2.54%
종사자 수	1,609	1,684	1,753	1,824	1,896	1,945	1,989	2,037	2,139	2,192	▲ 2.48%
매출액	67,566	73,507	77,285	79,550	83,820	108,013	118,829	128,300	138,183	144,392	▲ 4.49%
업체당 매출액	115.2	121.1	123.7	125.1	128.8	164.4	176	185.5	194.9	198.5	▲ 1.85%
1인당 매출액	45	43.7	44.1	43.6	44.2	55.5	59.8	63	64.6	65.9	▲ 2.01%
건물 연면적 평당 매출액	913.1	1,154.9	1,220.6	1,239.3	1,264.5	1,566.2	1,749.7	1,712.8	1,745.9	1,708.3	▼ 2.15%

"aT FIS 식품산업통계정보 2021년 식품산업 주요통계" 보고서

성장하고 있는 산업은 누구에게나 매력적으로 비치기 마련이다. 성장의 크기만큼 산업에 소속된 종사자에게도 더 큰 성공의 기회를 제공하기 때문이다.

지난 10여 년간 한국의 외식업은 가장 매력적인 산업 중 하나였다. 그 결과 단기간에 가파른 성장이 가능했고, 빠른 속도로 발전할 수 있었다.

하지만 짧은 기간 동안 급속히 성장한 국내 외식창업 시장은, 성장의 속도만큼 변화의 속도도 매우 빠르게 진전되면서 적지 않은 부작용을 일으키기도 했다. 급속한 외식산업의 성장은 많은 외식업 종사자를 양성시키게 되었고, 점차 기존의 주먹구구 방식의 외식업 창업현장도 이제는 점차 체계적으로 변화하고 있으며, 관련 종사자의 역량 또한 증가하고 있다.

즉, 국내 외식시장은 점점 전문화되어 가고 있으며, 경쟁이 심화된 시장에서 살아남기 위해서는 그들과 경쟁하기 위한 전문지식과 역량이 필요하게 된 것이다.

2. 외식시장의 이해

통계청 도소매업 조사 자료에 따르면, 2019년 기준, 외식업의 사업체 수는

72만 개, 종사자 수 220만 명, 업체당 매출액은 연간 1억 9,850만 원에 달한다고 한다. 외식업체의 매장당 월평균 매출은 약 1,650만 원으로 추정할 수 있다.

또한 2019년 기준 대한민국의 인구가 5천 100만 명 내외인 것을 감안하면 음식점은 국내 인구 70.8명당 1개꼴로 영업 중이다.

정리하면, 음식점들은 매장당 평균 70.8명의 고객으로 월 1,650만 원의 평균 매출을 발생시키고 있다는 결론이 나온다.

이렇게 외식업이 포화 상태가 된 것은, 사회적인 현상이 만들어 낸 결과이기도 하다. 흔히 외식업에 종사하지 않는 사람들도 은퇴 후에는 '식당이나 창업하지'라고 이야기하는 경우를 자주 경험하게 된다. 그리고 얼마 가지 않아 식당을 창업하여 운영 중인 경우도 주변에서 쉽게 접할 수 있었다.

이렇듯 외식업은 누구나 쉽게, 창업할 수 있는 시장이라는 인식이 팽배하기 때문에 부족한 실력으로도 성공을 꿈꾸며 창업을 진행하는 경우가 많았다.

사실, 20~30년 전만 해도 외식업은 '돈이 되는 사업' 이었다. 물론 그때도 누구에게나 100% 성공을 보장할 수는 없었으나, 조금만 노력하면 외식업은 초보에게도 성공을 안겨주는 매력적인 사업이었다. 경쟁이 많지 않았던 시절에는 크게 노력하지 않아도 매출을 유지할 수 있었다. 더욱이 '맛'에 대한 자신이 있었다면, 소문을 듣고 찾아오는 손님들로 인해 매출을 쉽게 올릴 수 있는 구조였다.

그리고 음식을 만들어 파는 비용(원가, 인건비, 임차료 등) 또한 크지 않았다. 잘만하면 매출의 50% 이상을 남길 수도 있는 황금산업이었다. 일 자체는 매우 고되고 힘들었지만, 열심히만 하면 노력한 만큼 수익을 챙길 수 있는 정직한 사업이었다.

이처럼 음식점은 고되지만, 꽤 많은 수익을 만들 수 있는 사업이었다. 따라서 퇴직자들도 고되게 일할 준비만 되어있다면, '식당이나 하지'라고 생각할 만큼 접근이 쉬운 사업이었음에 틀림이 없다.

문제는 환경이 변했는데도 아직 식당을 쉽게 생각한다는 것이다. 하지만, 국내 외식시장은 늘어난 매장의 수로 인해 음식점의 평균 매출은 낮아지는 현상이 나타나고 있다. 설상가상으로 비용은 계속 증가하고 있다. 최저임금의 인상,

물가 상승, 임차료 상승, 마케팅 채널의 확대로 인한 비용 증가, 플랫폼 이용 비용 등 비용은 늘고, 지출의 용도는 다양해지고 있다. 이러한 외부 환경의 변화는 외식업의 수익구조를 최악의 상황으로 이끌고 있다.

외식업에 종사했던 사람이라면 흔히 들었을 '외식업은 인건비 싸움이다'라는 말이 있다. 외식업이 인건비를 줄여야 수익이 높아지는 구조의 사업이라는 것을 표현하는 말이다. 그러한 이유에서인지 외식업에서는 유독 '열정페이'라는 문화가 뿌리 깊게 박혀있다. 안타깝게도 수익의 원천이 인건비 최소화라는 것이다. 하지만 이제는 수익의 원천을 침해받았다. 더 인건비를 절감해서 발생시키는 수익구조는 외식업에 없다는 것을 명심해야 한다.

2022년 최저시급은 9,160원으로 주휴수당을 포함하면 바야흐로 10,000원 시급 시대에 접어들었다. 그리고, 임차료는 매출 대비 10%를 상회하는 수준까지 오르면서 식당의 지출비용은 가파르게 상승했다. 악재에 악재가 겹친 상황이다. 이제 식당은 '몸은 좀 고되지만, 돈이 되는 사업'에서 '몸도 힘들고, 남는 게 없는 사업'이 되어버린 것이다.

실제로 국가통계포탈 KOSIS에 따르면, 2016년 기준 전체 산업의 개인사업자 폐업률은 13.8%를 나타내고 있다. 하지만, 외식업의 폐업률은 23.5%로 1.7배로 높은 숫자를 보인다. 이러한 외식시장의 변화에 대한 충분한 이해 없이 외식업을 준비한다면 그 결과는 너무도 자명하다. 따라서 창업의 실무를 다루는 본서에서는 짧게나마 외식시장을 바르게 이해할 수 있도록 음식점의 수익 변화를 중심으로 설명하였다. 너무 비관적인 내용을 다루었다고 실망할 필요는 없다. 외식업으로 성공하기는 예전 보다 어려워졌지만, 결코 가능성이 없는 것이 아니기 때문이다.

이런 상황일수록 전문가의 도움을 받고 외식산업에 대해 공부를 해야 한다. 실패의 확률을 줄이고, 성공의 확률을 높이는 방법이기 때문이다.

본서의 창업실무편은 변화된 외식시장의 환경에 맞춰 매출을 높이고, 비용을 절감할 수 있는 점포를 설계하는 데 그 목적이 있다.

3. 외식창업을 준비하는 사람의 자세

외식창업을 준비하는 사람이라면, 위에서 간략히 언급한 내용과 같이 외식시장을 충분히 이해해야 한다. 그리고 변화를 관심 있게 살펴볼 필요도 있다.

어떤 사업이든지 준비하는 과정에서는 실패를 줄이기 위한 사전 작업이 필요하다. 사업계획서를 작성해나가면서 제품의 선정과 가격 결정, 타깃 고객에 적합한 마케팅 계획, 자금의 확보 방안, 손익계산서 작성을 통한 수익구조 확인, 유통라인, 운영 시스템 등 다양한 관점에서 살펴본 사업전략이 필요하다.

외식업에서 매출을 발생시키는 근본적인 요소는 Q(품질), S(서비스), C(청결)이다. 복합적인 요소들이 결합된 결과가 매출로 연결된다. 하지만, 예전에는 매출에 가장 중요한 요소가 제품의 "맛"에 크게 편중되어 있었다.

따라서 이 시기에는 "맛"의 전수 창업이 유행했다. 전수 창업은 초보자라도 비용을 지불하면 본점과 동일한 맛을 낼 수 있는 레시피를 구할 수 있도록 맛을 전수해 주는 방식의 창업을 말한다. 이후에는 본점의 레시피로 대량 생산된 식자재를 직접 매장으로 공급해 주는 방법으로 발전하기도 했다. 그리고 필요하면 본점과 동일한 간판으로 영업을 할 수도 있었다.

이러한 단계를 거쳐 성장한 것은 지금의 한국형 프랜차이즈의 모체가 되었다. 초보자가 쉽게 창업할 수 있도록 노하우를 제공하면서 프랜차이즈는 급격히 성장하고 발전할 수 있었다.

하지만, 지금은 예전과는 많은 차이가 있다. 먹방, 쿡방, 인터넷에 공개된 레시피, 외식업 경력자들의 확산 등으로 "맛"을 구현할 방법은 매우 다양해졌다. 그리고, "맛"은 성공을 결정하는 충분조건에서 필요조건으로 전환되었다.

"맛"은 당연히 있어야 하며 그 밖에 또 다른 무언가가 필요한 시장이 된 것이다. '100-1의 법칙'이 이를 단편으로 설명해 준다. 수의 사칙연산에서는 100-

1=99이다. 하지만, '100-1의 법칙'에서는 100-1=0이다. 100가지의 요소 중에 1가지가 잘못되었을 뿐인데, 남는 것은 아무것도 없다는 내용이다.

예를 들어 설명하면, 식당을 방문한 고객이 맛있게 식사를 하고, 일행과 즐거운 시간을 보냈다고 가정하자. 충분히 만족스러운 상황이지만, 마지막 한 숟가락을 뜰 때 음식에서 바퀴벌레가 나왔다면 어떨까? 모든 것들이 만족스러운 상황이었지만, 비위생적인 매장관리가 결국 고객 컴플레인으로 이어지고, 고객에게는 재방문 고려 대상에서 제외되는 0점 매장으로 인식된다는 것이다.

고객의 요구는 점점 다양해지고, 완벽해지기를 바라고 있다. 지불하는 비용에 대한 가치를 중요하게 생각하고, 비용의 지불이 만족스러워지기를 바란다.

예전처럼 "맛"이 지배하던 외식시장 환경은 다양한 고객의 니즈를 파악하여 만족시키는 단계로 발전하고 있다.

이러한 환경적인 변화로 인해 외식업의 매출을 관리하는 것은 점점 어려워지고 있다. 또한 경쟁자들의 실력 또한 높아지고 있는 상황이다. 매장을 홍보하는 방법도 수동적에서 능동적으로 변화하고 있고, 빠르게 변화하는 시장 환경에도 적응하기 위한 노력이 필요하다. 이제 외식업은 더 이상 초보가 접근하기에는 어려운 상황으로 나아가고 있다.

외식업은 더 이상 초보자가 성공할 수 있는 사업이 아니라는 것을 가슴에 깊이 새겨야 한다. 초보의 성공을 연결시켜주던 프랜차이즈가 성행하던 시절은 이미 끝나가고 있다. 이제는 초보자가 프랜차이즈 본사를 잘 선택하기만 하면 함께 편승할 수 있었던 과거와는 달리 스스로의 노력과 역량을 통해 성공의 기반을 마련해야 한다.

외식업은 반드시 경험이 필요한 사업이다. 경험이 없이는 성공할 수 없다고 단언한다. 따라서 경험을 쌓고 기초지식과 실무에 대한 내용을 정확히 숙지한다면, 실패의 확률을 줄일 수 있을 것이다.

4. 외식창업 실무의 범위

본 외식창업 실무편은 2019년에 출판된 외식경영 컨설팅 시장조사편에서 다룬 입지분석 및 계약 단계의 절차 이후부터의 내용을 다룬다.

창업을 진행하면서 실무적으로 꼭 알아두어야 하는 절차에 대해 설명하였으니, 외식창업의 지침서로 활용하기를 바란다.

점포의 형태를 설계하는 현장 실측과정은 협력업체(인테리어, 주방, 간판)와 협업하는 단계이다. 실력 있는 업체를 선정하여 효율적인 매장을 설계하는 것이 가장 중요한 포인트이다. 점포설계와 함께 오픈 전 인허가 과정을 살펴보고, 이후 7P MIX(핌코리아 창업 프로세스)에 근거하여 준비사항을 점검하는 단계로 구성하였다.

세부적인 내용은 각 단계에서 설명하기로 하고, 모든 과정이 유익한 정보 습득과정으로 이어지기를 바란다.

외식경영 컨설팅 실무 매뉴얼

창업실무편

II

FIM 7S

II

FIM 7S

1. "FIM 7S" 프로세스

1. 시장조사 단계

1. Founding your vision

1. 창업 적성검사
2. 비전 세팅

2. Investigating your location

1. 외식시장현황, 전망, 트렌드 분석
2. 상권조사 및 분석
3. 입지 분석 및 선정
4. 아이템 제안
5. 사업 타당성 분석
6. 타깃 고객 설정

3. Making business plan

1. 사업계획서 작성
2. 콘셉트 결정
3. 매장 구성
4. 인허가 관리
5. 보험 가입
6. 산업재산권

2. 창업 실행 단계

4. 7P MIX development

1. Product(상품개발)
2. Price(가격결정/원가분석)
3. Place(식자재 유통 프로세스)
4. Promotion(마케팅 · 홍보 전략)
5. Process(흐름도 개발)
6. Physical evidence(물리적인 요소 개발)
7. People(조직구성)

5. Simulation & operation

1. Simulation(가상 운영)
2. Operation

2. "FIM 7S"의 개요

1) 시장조사 단계

1. Founding your vision	1. 지피지기면 백전백승
1. 창업 적성검사 2. 비전 세팅	창업자가 자기 자신을 알아보고 그에 맞는 비전과 목표를 설정하는 단계

2. Investigating your location	2. 거시적 시장환경 분석, 미시적 상권분석
1. 외식시장현황, 전망, 트렌드 분석 2. 상권조사 및 분석 3. 입지 분석 및 선정 4. 아이템 제안 5. 사업 타당성 분석 6. 타깃 고객 설정	창업자가 창업하려는 아이템과 매장 입지에 대한 시장조사 및 상권 분석이 이루어지는 단계 ※ (주)핌코리아 시장조사 1, 2차 보고에 해당하는 단계

3. Making business plan(1)	3-1. 조사된 자료를 밑바탕으로 계획 세우기
1. 사업계획서 작성 2. 콘셉트 결정	창업 실행 직전 단계로 사업계획서 및 콘셉트(매장 콘셉트, 상호, 로고 및 슬로건) 등을 설정하는 단계 ※ (주)핌코리아 시장조사 3차 보고에 해당하는 단계

2) 창업 실행 단계

3. Making business plan(2)

3. 매장 구성
4. 인허가 관리
5. 보험 가입
6. 산업재산권

3-2. 창업 Step 1

창업을 실행하는 첫 단계로 창업 실행에 필요한 점포계약, 설계, 인테리어 설계 등과 인허가, 보험 등 제반 여건을 조성하는 단계

4. 7P mix development

1. Product(상품개발)
2. Price(가격결정/원가분석)
3. Place(식자재 유통 프로세스)
4. Promotion(마케팅 · 홍보 전략)
5. Process(흐름도 개발)
6. Physical evidence(물리적인 요소 개발)
7. People(조직구성)

4. 창업 Step 2

매장 운영에 필요한 외적인 요소(상품, 가격, 유통망, 마케팅, 시스템, 조직 등)를 구체적으로 설정하는 단계

5. Simulation & operation

1. Simulation(가상 운영)
2. Operation

5. 창업 Step 3

매장 운영에 필요한 내적인 요소(동선, 흐름도, 체크 리스트, 매뉴얼 등)를 구체적으로 설정하는 단계

외식경영 컨설팅 실무 매뉴얼

창업실무편

III

외식창업 실무

III

외식창업 실무

1. Making business plan

1) Making business plan 개요

Making business plan은 "FIM 7S" 프로세스에서 STEP.3에 해당된다. 시장조사에서 창업지원 업무로 이관되는 과정이며 이에 따라 시장조사 프로세스와 창업지원 프로세스가 혼재하게 된다.

Making business plan은 사업 진행에 필요한 계획, 콘셉트 등을 기획하고 이를 실행하는 첫 단추로 가장 중요한 단계라 할 수 있다.

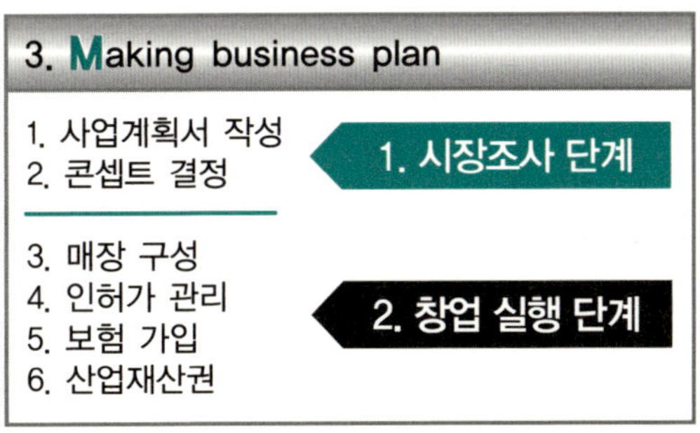

2) 창업 시기 결정 - 창업자 연령

창업을 시작하려면 적기에 창업기회를 포착하여 그 성공 가능성을 면밀히 검토하는 과정이 선행되어야 한다. 그 후 성공 확신이 있다고 판단되면 창업 추진 계획을 정확히 수립해서 발 빠르게 뛰어들 준비를 한다.

여기서 매우 중요한 과정 중 하나가 바로 창업의 시기를 결정하는 것이다. 창업 기회는 창업의 꿈을 가진 모든 사람에게 한 번쯤 다가오기 마련이나 최상의 창업 기회를 적시에 포착하는 일은 그리 쉽지가 않다. 적기에 좋은 기회를 잡았다 해도 창업자의 확신과 결단이 없다면 놓쳐 버릴 위험이 크기 때문이다. 흔히 경기가 좋을 때는 심리적으로 창업하려는 사람이 많고, 불경기 때에는 창업을 기피하는 경우가 많지만 이와 같은 일반적인 사고와는 달리 오랜기간 동안 꾸준히 면밀한 조사와 준비를 해온 창업자에게는 불경기 때가 오히려 창업의 적기라 볼 수 있다.

그 이유는 경쟁자가 적었을 때 먼저 시작하면 호황기에 제대로 빛을 볼 수 있기 때문이다.

창업 시기는 크게 나누어 창업자의 창업 연령은 몇 살이 적정한지, 그리고 경제 전체의 흐름 속에서 호경기 또는 불경기 중 어떤 시점에 사업을 시작하는 것이 좋은지 두 가지 측면에서 생각해 볼 수 있다.

먼저 창업 시기를 창업자 연령과 관련지어서 생각해 보겠다.

창업 연령은 창업자에 따라서 차이가 날 수밖에 없다. 즉 창업의 최적기는 창업자에 따라서 다를 수 있다는 것이다. 일반적으로 50세가 넘어서 새로운 사업을 시작한다는 것은 현실적으로 상당한 제약이 따른다. 현재의 비즈니스와 직접 관련이 없는 새로운 사업분야에 50세가 넘어 뛰어든다는 것은 그만큼 위험부담이 크고, 사고 자체가 이미 안전성향으로 굳어져 버렸기 때문에 모험적인 일을 새로이 시작하기에는 역부족이기 때문이다. 물론 50세 이후에 창업하더라도 사전에 장기적으로 계획하고, 꾸준히 준비해온 창업자는 예외다. 그러나 평소에 언젠가는 사업가의 길로 나아가겠다고 결심했다면, 하루라도 빨리 사업에 착수하는 것이 유익하다 할 수 있다.

흔히 창업은 호경기에 시작하는 것이 좋다고 보는 견해가 많다. 그러나 사업이 일시적인 경제활동이 아닌 장기적인 경제활동이라 보았을 때는 오히려 불경기에 사업을 시작하는 것이 더 현명하다고 볼 수 있다.

그 이유는 첫째, 불황기 때 좀 더 철저하고 신중한 사업을 추진할 수 있다는 것이다. 불경기에는 기존 기업은 시설투자를 자제하고, 사업확장도 꺼리는 편이다. 아울러 창업의 열기도 높지 않은 것이 일반적인 현상이다. 따라서 새로운 사업을 시작할 때, 더욱 철저한 사업계획을 수립할 수밖에 없고, 사업추진도 신중해질 수밖에 없다. 불경기일수록 실패를 줄이기 위해 더욱 철저히 준비하기 때문이다. 두말할 필요도 없이 철저하고 신중한 사업착수는 사업을 성공으로 이끄는 열쇠가 된다.

둘째, 경쟁자가 비교적 적은 상태에서 사업을 시작할 수 있다는 점이다. 어떤 사업이든지 경쟁자만 없다면 기본적으로 성공 가능성이 높다. 이런 관점에서 불경기에는 신규창업도 호경기에 비해서 적을 뿐만 아니라, 기존 사업의 경우에도 사업확장을 주저하고 있기 때문에 사전에 꾸준한 준비를 하여온 사람의 경우 호기가 될 수 있다.

불경기만 잘 이겨낸다면 호경기에 오히려 급속한 영업 신장을 이룩하여 짧은 기간 내에 사업을 본 궤도에 올려놓을 수 있다.

셋째, 불경기일수록 주변 여건이 창업하기에 매우 좋다는 점이다. 예를 들어 제조업을 시작하려고 하는 경우 기존 기업의 부도로 말미암아 금융기관들이 보유하고 있는 공장, 기계 등 기존 시설을 쉽게 사용할 수 있다. 또 법원경매나 상업공사 공매 등 점포와 사무실을 얻을 기회가 많다.

불경기일수록 임대료도 낮을 뿐만 아니라 좋은 조건으로 계약도 할 수 있어 여러모로 경제적이다.

2. 점포 계약

음식점을 창업하기 위해 점포를 임차하는 경우에는 해당 부동산의 등기부 등본, 건축물대장 등을 확인하여 권리관계, 소유자 및 용도 등을 분석한 후 임대차 계약을 체결해야 한다.

1) 임대차 계약

■ 「민법」상 임대차계약

☞ "임대차계약"이란 임대인이 임차인에게 목적물을 사용, 수익하게 할 것을 약정하고 임차인이 이에 대하여 차임을 지급할 것을 약정하면서 성립하는 계약을 말한다.

■ 「상가건물 임대차보호법」상 임대차계약

☞ "상가건물 임대차계약"이란 사업자등록의 대상이 되는 상가건물의 임대차(주된 부분을 영업용으로 사용하는 경우 포함) 중 보증금액이 일정금액 이하인 계약을 말한다.

■ 「민법」상 임대차계약과 「상가건물 임대차보호법」상 임대차계약의 관계

☞ 지역별로 정해진 보증금의 일정 기준금액을 초과하는 상가건물 임대차에 대해서는 「민법」의 규정이 적용된다.

☞ 다만, 대항력 등, 계약갱신 요구 등 및 계약갱신의 특례, 권리금 정의 및 회수기회 보호, 적용 제외 등, 차임연체와 해지, 표준계약서의 작성 등의 규정은 「상가건물 임대차보호법」 제2조 제1항 단서에 따라 지역별로 정해진 보증금의 일정 기준금액을 초과하는 임대차에 대해서도 적용한다.

2) 점포 선택 체크 포인트

구분	내용
지역 체크	• 업종의 일반적인 조건에 맞는가? • 사람이 어느 정도 모이는 곳인가? • 유동인구는 어느 정도인가? • 가까운 곳에 있는 상점가나 대형 가게의 경우 영업 상태는 어떤가? • 상권 내의 주택 상황과 소득계층은 어떤가? • 지역 주민의 매물 동향은 어떤가? • 주변 지역의 토지 이용 상황과 이후의 전망은 어떤가?
경쟁관계 체크	• 경쟁 점포는 어디에 있고, 그 가게는 어느 정도 번성하고 있는가? • 경쟁 점포를 이길 수 있는가? 혹은 공존이 가능한가? • 매출은 어느 정도 예상되는가? 이익 창출은 가능한가? • 앞으로 고객 수의 증가를 기대할 만한가?
점포조건 체크	• 전면 폭은 적당한가? (서점이나 미용실 등 폭이 좁고 길이가 긴 것이 좋은 업종도 있음) • 가게의 형태는 적당한가? • 주변 업종과의 궁합은 맞는가? • 도로에 접하여 있는가? • 주차장은 있는가? 짐을 내리는 것은 가능한가? • 설비에 문제는 없는가?
가격 체크	• 주변 가게의 수준과 비교해 비싸지 않은가? • 권리금과 임차료는 주변 시세와 비슷한가? • 준비할 수 있는 자금 규모와 맞는가? • 공과금은 높지 않은가?

3) 임대차 계약 전 확인사항

(1) 토지이용계획확인서

TIP 토지이용계획확인서의 확인

토지이용계획확인서는 토지이용계획을 확인하고 그 내용을 작성하는 서식이다.

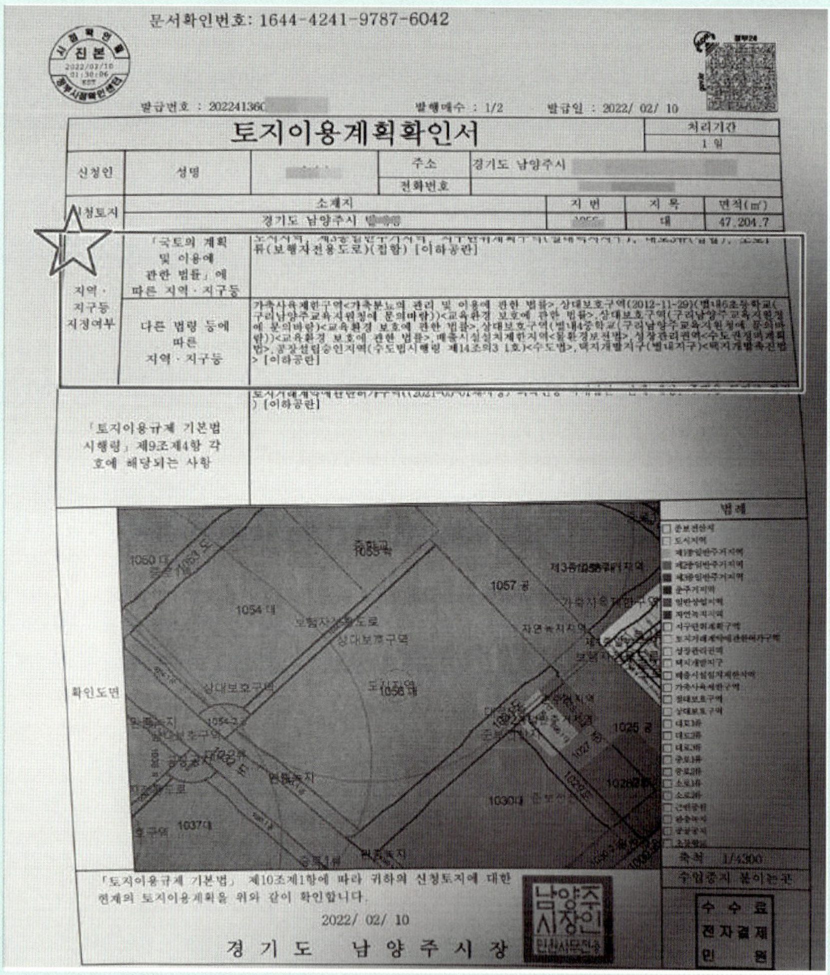

문서확인번호: 1644-4241-9787-6042

발급번호 : 202241360 발행매수 : 1/2 발급일 : 2022/ 02/ 10

토지이용계획확인서

					처리기간 1 일
신청인	성명		주소	경기도 남양주시	
			전화번호		
신청토지	소재지		지 번	지 목	면적(㎡)
	경기도 남양주시			대	47,204.7
지역·지구등 지정여부	「국토의 계획 및 이용에 관한 법률」에 따른 지역·지구등	류(보행자전용도로)(접함) [이하공란]			
	다른 법령 등에 따른 지역·지구등	가축사육제한구역<가축분뇨의 관리 및 이용에 관한 법률>, 상대보호구역(2012-11-29)(별내5초등학교(구리남양주교육지원청에 문의바람))<교육환경 보호에 관한 법률>, 상대보호구역(구리남양주교육지원청에 문의바람)<교육환경 보호에 관한 법률>, 상대보호구역(별내4중학교(구리남양주교육지원청에 문의바람))<교육환경 보호에 관한 법률>, 배출시설설치제한지역<물환경보전법>, 성장관리권역<수도권정비계획법>, 공장설립승인지역(수도법시행령 제14조의3 1호)<수도법>, 택지개발지구(별내지구)<택지개발촉진법> [이하공란]			
「토지이용규제 기본법 시행령」 제9조제4항 각 호에 해당되는 사항		) [이하공란]			
확인도면					범례 / 축척 1/1300

「토지이용규제 기본법」 제10조제1항에 따라 귀하의 신청토지에 대한 현재의 토지이용계획을 위와 같이 확인합니다.

2022/ 02/ 10

경 기 도 남 양 주 시 장

수입증지 붙이는 곳 / 수수료 전자결재 민원

1. **지번/지목/면적** 발급 신청한 토지의 지번/지목/면적을 기재한다.

2. **지역/지구** 해당 토지의 용도지역/지구 기재, 토지의 용도, 규모 개발 여부 등을 파악할 수 있다. 또한 이에 따른 각 지자체의 자치법규를 검토하여 건폐율/용적률 등의 확인이 가능하다.

3. **지적도** 지역이나 토지에 따라 지적도가 포함되지 않기도 한다. 틀린 경우가 있으니 참고용으로만 활용한다.

Check Point

용도지역, 지구, 도시개발계획 등 확인, 점포가 해당되는 지역의 용도 및 이용계획에 따라 업종의 제한이 있기도 하니 확인이 필요하다.

(2) 토지대장

TIP 토지대장의 확인

토지대장은 토지의 소재지, 지번, 지목, 면적, 토지의 소유자가 기록되어 있는 공적 장부를 말한다.

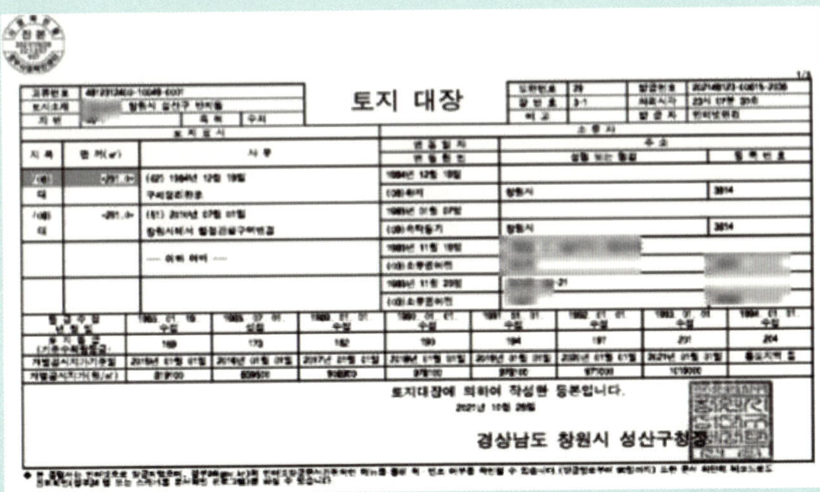
토지 대장

토지대장에 의하여 작성된 등본입니다.

경상남도 창원시 성산구청장

1. **토지소재 및 지번** 계약서, 등기부등본, 토지대장의 주소가 서로 일치하는지 여부를 확인한다.

2. **지목** 지목은 28가지로 표시되며 괄호 안의 숫자가 큰 것이 현재의 지목이다.
   ※ 토지만 있는 경우도 건축이 가능한지 꼭 확인한다.

3. **변동일자, 원인, 주소란** 소유하고 있는 소유주의 인적 사항을 파악한다.

4. **개별공시지가** 매년 부과되는 재산세의 규모를 파악한다.
   ※ "사유"에서 행정구역 변경, 용도 변경, 지목 변경 등 토지에 관련된 변동 내용을 확인한다.

Check Point

소재지번, 부지의 면적, 소유자를 확인한다.

(3) 건축물대장

TIP 건축물대장의 확인

건축물대장은 건축물의 소유·이용 상태를 나타내어 건축물과 대지의 현황 및 지하 수위, 기초 형식, 설계지 내력, 구조설계 해석법 등 건축물의 구조 내력에 관한 정보를 표시하고 있는 공적 장부이다.

■ 건축물대장의 기재 및 관리 등에 관한 규칙 [별지 제1호서식] <개정 2018. 12. 4.>

일반건축물대장(갑)

(4쪽 중 제1쪽)

열람용

고유번호		명칭	호수/가구수/세대수 0호/0가구/0세대
대지위치	지번	도로명주소	

※대지면적 541.9 ㎡	연면적 1,916.11 ㎡	※지역 일반주거지역 외 1	※지구	※구역
건축면적 290.19 ㎡	용적률 산정용 연면적 1,169.03 ㎡	주구조 철근콘크리트조	주용도 근린생활시설	층수 지하 2층/지상 5층
※건폐율 53.55 %	※용적률 215.73 %	높이 18.85 m	지붕 평슬라브	부속건축물
※조경면적 ㎡	※공개 공지·공간 면적 ㎡	※건축선 후퇴면적 ㎡	※건축선후퇴 거리 m	

건축물 현황					소유자 현황			
구분	층별	구조	용도	면적(㎡)	성명(명칭) / 주민(법인)등록번호 (부동산등기용등록번호)	주소	소유권 지분	변동일 / 변동원인
주1	지하2층	철근콘크리트조	주차장	216.06			/	2008.6.19.
주1	지하2층	철근콘크리트조	기계전기실	129.2				등기명의인표시변경
주1	지하2층	철근콘크리트조	제2종근린생활시설(사무소)	85.29		- 이하여백 -		
주1	지하1층	철근콘크리트조	제1종근린생활시설(미용원)	316.53		※ 이 건축물대장은 현소유자만 표시한 것입니다.		

이 등(초)본은 건축물대장의 원본내용과 틀림없음을 증명합니다.

발급일: 2021년 08월 26일

강남구청장 (인)

담당자:
전 화:

※ 표시 항목은 총괄표제부가 있는 경우에는 적지 않을 수 있습니다.

이 건축물대장은 열람용이므로 출력하신 건축물대장은 법적 효력이 없습니다.

297㎜×210㎜[백상지 80g/㎡]

1. 일반 건축물대장(갑)은 건물의 세부적인 대지 위치, 지번, 면적, 주용도 등 건물에 세부적인 내용을 기재한다.
   ※ 등기부등본 건축물 표시와 건축물대장 표시가 다를 경우 건축물대장의 내용을 우선한다.
   ※ 건축물대장의 소유자와 등기부등본의 소유자가 다를 경우 등기부등본의 내용을 우선한다.
2. 소유주현황(을)은 현재 건축물의 소유현황 및 지분을 가지고 있는 자의 인적 사항이 나온다. 소유자 변동사항도 기재된다.
3. 기타 사항은 건축주, 설계자, 공사감리자, 공사시공자 등 건물의 세부적인 내용이 표시된다. 위반 건축물로 지적을 받은 경우에는 위반사항이 기재되므로 계약서 작성 시 위반 여부를 확인한다.

> **Check Point**
>
> 건물연면적, 구조 관련 사항, 건물의 용도, 층수, 층별 면적, 소유자 현황 등을 확인한다.

(4) 등기부등본

TIP 등기부등본의 확인

"등기부"란 전산정보처리조직에 의해 입력·처리된 등기정보자료를 대법원규칙으로 정하는 바에 따라 편성된 해당 등기소에 배치되어 있는 토지·건물의 등기를 하는 공부를 말하며, 등기부는 토지등기부와 건물등기부로 구분된다.

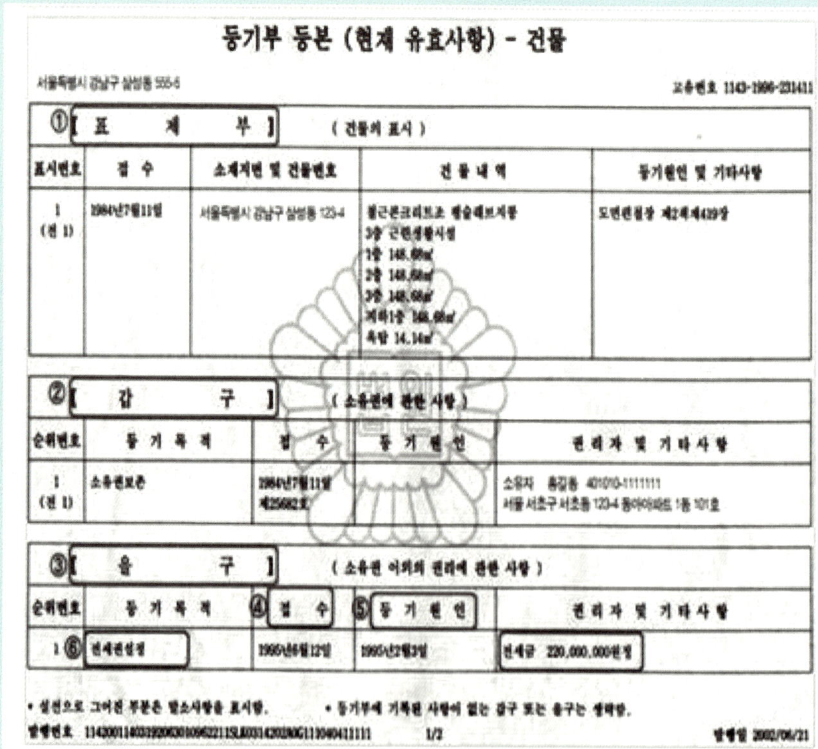

등기부 등본 (현재 유효사항) - 건물

서울특별시 강남구 삼성동 555-6 고유번호 1143-1996-231411

①[표 제 부] (건물의 표시)

표시번호	접 수	소재지번 및 건물번호	건 물 내 역	등기원인 및 기타사항
1 (전 1)	1984년7월11일	서울특별시 강남구 삼성동 123-4	철근콘크리트조 평슬래브지붕 3층 근린생활시설 1층 148.68㎡ 2층 148.68㎡ 3층 148.68㎡ 지하1층 148.68㎡ 옥탑 14.14㎡	도면편철장 제2책제439장

②[갑 구] (소유권에 관한 사항)

순위번호	등 기 목 적	접 수	등 기 원 인	권리자 및 기타사항
1 (전 1)	소유권보존	1984년7월11일 제25682호		소유자 홍길동 401010-1111111 서울 서초구 서초동 123-4 동아아파트 1동 101호

③[을 구] (소유권 이외의 권리에 관한 사항)

순위번호	등 기 목 적	④접 수	⑤등 기 원 인	권리자 및 기타사항
1	⑥전세권설정	1995년6월12일	1995년2월3일	전세금 220,000,000원정

• 실선으로 그어진 부분은 말소사항을 표시함. • 등기부에 기록된 사항이 없는 갑구 또는 을구는 생략함.

발행번호 [illegible] 1/2 발행일 2002/06/21

1. 표제부　부동산의 표시와 구조에 관한 사항을 확인하다.

2. 갑구　소유권에 관한 사항을 확인한다.

※ 현재 소유자와 과거의 소유자 그리고 가압류, 가처분, 압류(경매), 가등기, 예고등기 등과 이들 권리의 변경동기, 말소 및 회복동기가 있다면 갑구에 나온다.

3. 을구　소유권 이외의 권리인저당권, 전세권, 지역권, 지상권 등이 지재되어 있다.

4. 접수　해당 등기소의 접수된 날짜를 나타낸다.

5. 등기원인　매매·증여·시효취득·전세권 또는 저당권의 설정계약·등기의 오기·계약의 무효·상속·토지의 멸실 등의 내용과 일자를 나타낸다.

6. 전세권 설정　건물에 임차하여 있는 사업자가 전세금을 설정하여 등기한다.

Check Point

건물소유자/권리관계/정확한 소재지번/건물내역 등 그리고 토지주와 건물주가 동일한지 확인하기 위해 건물, 토지등기부등본을 따로 발급받아 확인한다.

3. 현장 실측

현장 실측이란, 글자 의미와 같이 현장에서 공간설계를 위해 실제로 측량을 하는 과정을 말한다. 현장 실측은 인테리어 업체와 주방업체, 그리고 간판 업체와 함께 진행한다.

협업 과정에서 점포를 원하는 형태로 설계하기 위해 현장 실측을 하는 과정에서 반드시 체크해야 하는 사항에 대해 살펴보자.

현장 실측 체크 리스트

"현장 실측"의 경우 각 업체에서 전문적으로 진행해주지만, 아래와 같은 내용은 매장의 경영주로서 꼭 알고 넘어가야 할 사항이므로 직접 체크해보는 것이 좋다.

항목	세부내용	내용	비고
실측	현장 실측	시공업체 실측 도면 확인	건축물 대장 체크
		건물 소재, 구조, 규모 조사	시장조사 시 진행
		전용면적 실측	
		지하의 경우 방수 점검	
		공사장 내외 방화지역 유무 확인	
		건축법규상 허가 제한업종 여부 확인	해당 관청 건축과, 위생과 확인
		기존 시설 철거 시 작업량 체크	
		업체 협의 사항 체크	- 아이템에 맞는 적용 - 예상 매출 대비 - 고객 회전율 - 오픈 시점의 계절에 따른 사항 : 겨울 공사 → 여름 냉방 체크 : 여름 공사 → 겨울 난방 체크
		· 수도	
		· 전기	
		· 정화조 용량	
		· 소방 및 방화시설	
		· 가스	
		· 급배수 시설	
		· 주방위치 개략 설정	

❶ 인테리어 업체를 통해 전용 면적을 실측하고, 평면 도면과 투시도를 작성한다. 평면 도면과 투시도의 작성은 견적에 대한 정확도를 높이고, 설계의 방향성을 상호 확인하는 도구가 되어 시공의 실수를 줄이는 데 도움이 된다. 잘 만들어진 평면 도면과 투시도는 작업의 효율성을 높이고, 상호 협의가 이뤄진 완성의 설계 단계로의 진입을 명확하게 실현해 준다.

[평면도면 사례]

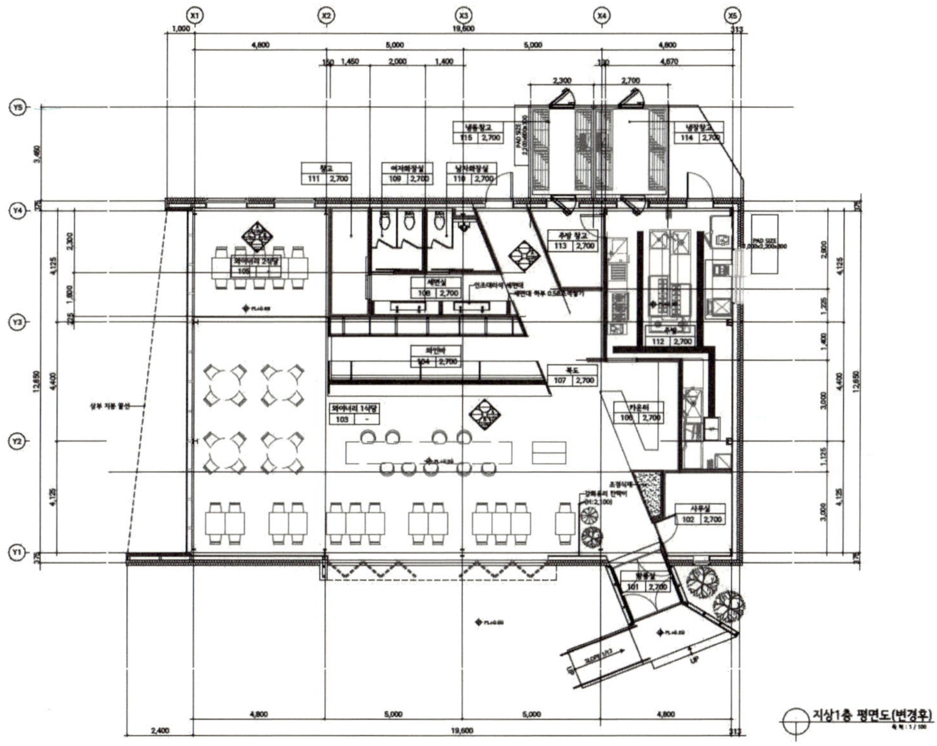

예밀 카페테리아 매장 평면도

TIP 평면도로 평수 구하기(예시)

가로면적(19,600)×세로면적(12,650)=면적 247,940,000 ← 밀리미터를 미터로 전환하면,

가로면적(19.60)×세로면적(12.65)=면적(247.94)㎡ ← ㎡를 평형으로 전환하면,
평형 계산을 위해 247.94/3.3=75.13평

[투시도 사례]

투시도는 인테리어의 컬러와 분위기를 상호 공유하는 과정에서 소통의 용도로 사용한다.

❷ 지하에 영업점이 있는지 확인해야 하며, 있는 경우는 방수 여부를 점검한다. 방수공사에 문제가 있는 경우, 아래층으로 누수 현상이 발생하여 영업을 중단하는 상황까지 발생할 수 있다.

❸ 공사장 내외 방화지역 유무 확인
방화지역은 http://klis.seoul.go.kr/sis/main.do(전국 선택 가능)에서 확인

이 가능하다. 주소지가 방화지역에 포함되어 있는지 확인 후 적합한 시공이 이루어져야 한다.

※ 방화지역의 관리 부실로 영업 허가가 되지 않는 경우도 있다.

❹ 기존시설 철거 시 작업량 체크

매장 규모에 따라 철거비용 및 시간이 전체 일정에 차지하는 비중이 높게 나타날 수 있다. 평면도와 투시도에 근거해 철거의 작업량을 체크해야 한다. 현장 실측 시 세밀히 체크하여 철거의 범위를 명확히 하여 비용산정 시 포함하는 것이 좋다.

❺ 수도

신설된 수도에서 화장실 또는 주방으로 이어지는 라인을 연결해야 하며, 매장의 레이아웃에 따라 길이로 견적이 산출된다.

❻ 전기 용량 확인

매장에서 전기가 많이 소모되는 장비를 사용할 경우, 최대 사용 전력량을 확인하고, 필요하면 계약 전력을 증설해야 하는 과정이 필요하다.

※ 계약 전력은 공급사업자(한전)가 공급하는데 동의한 수용 전력이다. 계약 전력은 전기 요금 청구서에서 확인할 수 있다.

최대 사용 전력량과 매장의 전력 소모량을 알면, 전기 용량의 증설 여부를 판단할 수 있다.

- 최대 사용 전력량을 계산하는 방법(계약전력이 5kW인 경우) ; 계약 전력(5kW)×(일 15시간×일)=2,250kWh(초과 시 가산 요금이 부과)
- 전력 소모량 : 전기 기기들의 정격 사용 전력량(시간당 전력 소모량)을 합한 값.

최대 사용 전력량이 전력 소모량보다 적은 경우 증설한다. 증설 시는 전력 소모량보다 1~2kW 정도 여유 있게 증설하는 것이 좋다.

❼ 정화조 용량

정화조 용량은 건축물대장에 기록되어 있다. 건축물대장의 형식과 용량이 공란으로 되어있는 경우는 분류식 하수도이고, 숫자로 기록되어 있는 경우는 합류식 하수도이다.

정화조 용량을 검토해야 하는 경우는 합류식 하수도의 경우이다. 합류식 하수도인 경우, 정화조 용량 계산법은 다음과 같다.

- 정화조 용량 계산법 : 업종별 오염 계수(N=0.175)×바닥면적(A)

※ 휴게음식점과 일반음식점의 오염 계수(N)는 0.175A이다.

예 100㎡인 일반음식점의 경우, 17.5인, 즉 18인용 이상이면 가능하다.

단, 정화조 용량은 층별로 입점한 매장의 용도에 따른 오염 계수를 반영하여 그 합으로 산정한다.
정화조의 용량이 200%를 초과하지 않는 경우는 연간 청소 횟수를 증가하는 형태로 허가가 가능하다. 이 경우에는 건물주가 '정화조 청소 이행 서약서'를 작성하여 관할청에 제출해야 한다.

❽ 소방 및 방화시설

지상 2층 이상은 100㎡ 이상, 지하층은 66㎡ 이상인 경우 다중이용업소에 해당되어 소방필증을 구비하여야 한다.

일반음식점과 휴게음식점, 제과점은 피난층(지상 1층)과 지면이 맞닿은 층은 소방 필증(안전시설 완비 증명서) 발급대상에서 제외된다.

다중이용업소 "다중이용업"이란 불특정 다수인이 이용하는 영업 중 화재 등 재난 발생 시 생명 · 신체 · 재산상의 피해가 발생할 우려가 높은 것으로서 대통령령으로 정하는 영업을 말한다.[다중이용업소의 안전관리에 관한 특별법(약칭 : 다중이용업소법) 제2조]

❾ 가스

사용 중인 가스가 도시가스(LNG)인지, LPG인지 확인한다.

가스 용량 승합 여부를 확인하고, 배관 변경이 필요한 경우는 변경 후 허가를 받는다.

⑩ 급 · 배수시설

주방 시설을 설치하기 위해 반드시 필요한 것이 급수와 배수 시설이다. 상가의 경우 분할 임대로 인해 급/배수 시설이 갖추어지지 않은 곳이 있다. 급/배수 시설이 없는 경우는 추가로 배관 작업이 필요하기 때문에 반드시 현장 확인이 필요하다.

1) 점포의 설계

점포를 설계한다는 것은, 아이템에 적합한 레이아웃을 구성하는 것을 말한다. 따라서 입지에 적합한 목표 타깃의 특성을 반영하여 분위기를 연출하고, 메뉴의 가격 및 종류에 따라 알맞은 투자 금액을 결정하는 과정이 필요하다.

점포의 설계 과정은 메뉴를 쉽게 조리할 수 있도록 레이아웃을 구성하고, 효율적인 동선으로 비생산적인 움직임을 줄이는 데 집중해야 한다. 그렇다면, 점포 설계를 효율적으로 진행하는 방법에 대해 살펴보자.

(1) 점포 설계 시 주의할 점

❶ 점포 설계의 순서를 준수한다.

식당 창업 결정 → 업종 · 업태의 결정 → 시장규모 및 예상 매출액 설정 → 점포 계약 → 메뉴 결정 → 주방기기 종류 및 규격 결정 → 주방기기 레이아웃 설정 → 주방 설계 → 홀 구성안 작성 → 인테리어 도면 설계 → 종합도면 완성 → 견적 의뢰 → 견적 접수(2곳 이상) → 업체 선정 → 시공 → 완공

별도로 전기, 수도, 가스 설비 등의 도면도 함께 작성해야 한다. 홀 중심의 인테리어만 집중할 경우, 업무를 비효율적으로 진행하게 되어 불필요한 인건비가 발생할 수 있다.

❷ 예정 준공일을 맞추기 위해서라도 반드시 시공 일정을 체크할 수 있도록 일정표를 반드시 받아서 필요 시마다 공사 진행 사항을 체크해 나가야 한다.

❸ 매월 지급되는 임대료를 절약하기 위해 기본적인 순서[(❶번 참고]를 무시하고 공사를 시행하는 경우가 많은데, 그럴 경우 원하는 방향으로의 설계가 어려워질 수 있다.

❹ 인테리어 업체에 너무 맡겨만 두지 말아야 한다. 스스로 책임감을 갖고 의/탁자, 컬러, 천장, 모양, 형태, 전등 등을 유사업체에서 사전에 자료를 수집하여 준비해야 원하는 형태의 매장 분위기를 연출할 수 있다.

❺ 예비창업자는 점포를 설계하기 전에 판매할 메뉴와 이후의 개발 메뉴를 계획해야만 주방의 레이아웃과 객석의 도면, 탈의장이나 휴식공간, 창고의 공간을 적절하게 배치할 수 있다. 공사 시행 전후로 인테리어 업체와의 점검이 필요하다.

❻ 식당운영에 필요한 기능으로 설계되고 건축되어야 하며, 특수한 경우를 제외하고 비용을 추가시키지 않는다.

❼ 인테리어 설계를 위해 반드시 현장 실측을 해야 하는데 그 순서는 다음과 같다.

- 인테리어 업체의 평면도를 반드시 확인하고, 철근 콘크리트나 목조 등 어떤 소재로 건물이 구조되었는지 건물의 구조나 규모를 조사한다.
- 전용 면적을 정확히 실측하고 지하가 있을 경우 방수에도 유의해야 한다.
- 방화지역에 주방 시설을 설치할 경우 영업허가가 나지 않으므로 공사장 내/외에 방화지역이 있는지 확인한다.
- 상업지역, 근린 생활지역 등 건축 법규상 허가 제한 업종이 있으므로 용도 지정 지역을 반드시 확인하고 기존 시설 철거 시 작업량을 체크해야 한다.
- 수도, 전기, 정화조 용량, 소방 및 방화시설, 가스, 급・배수 시설 등도

체크하고 전문 업체와 협의를 해야 하며 이때 주방 위치도 개략적으로 설정해 본다.

(2) 점포 기본 설계도면 중요 확인사항

❶ 점포의 출입구에서 객석까지, 주방에서 객석까지의 동선을 확인한다.

❷ 업종 · 업태의 분위기에 맞는 객석 수와 객석 구성이 조화로운지 확인한다.

❸ 의자나 테이블을 고객과 객석 효율을 고려해서 2, 4, 6인 석으로 구성한다.

❹ 단체, 그룹 고객을 위한 룸 설치와 파티션 등의 변형은 고려되었는지 확인한다.

❺ 테이블 형태가 사각형, 원형 등 적절한 배합으로 안정감이 있는지 확인한다.

> 사각형은 딱딱한 느낌이 들며 원형은 공간 효율성이 낮고 상차림이 불편한 단점은 있으나 부드러운 분위기에 의해 카페 바, 디너 레스토랑에서 주로 이용하고 있다.

❻ 인테리어 디자인이 영업점포 이미지와 일치하는지 확인한다.

❼ 화장실은 반드시 남녀를 구분하고, 여성을 특별히 배려했는지 확인한다.

❽ 카운터의 위치는 잘 보이며 대금 지불이 쉽게 배치되어 있는지 확인한다.

❾ 음료 냉장고 등 서빙 스테이션은 근무자의 동선을 고려한다.

❿ 전체 작업실의 공간이 확보되어 있는지 확인한다.

⓫ 층이 있는 경우 계단의 단 높이와 넓이는 고객을 배려했는지 확인한다.

⓬ 탈의실과 휴게실 등은 종업원을 배려했는지 확인한다.

⓭ 시계성을 고려한 간판의 위치는 잘 되었는지 확인한다.

⓮ 출입문의 크기, 모양, 대기실 등의 형태가 고객이 편리하게 배려되었는지 확인한다.

⓯ 주방이나 객실의 천고가 2.5~3.5m 정도로 열효율을 고려했는지 확인한다.

⑯ 점포 외부의 환경을 위해 수목이나 주차장 등의 보완사항도 확인한다.

⑰ 냉 · 난방 시설 시 부분 사용이 가능하고, 객석의 위치에 적절한지 확인한다.

⑱ 배기팬, 전등 등의 on, off 스위치가 객석별로 잘 구분되었는지 확인한다.

조명은 밝고, 어둡게 조절이 가능한 것으로 하면 좋다. - 조광기 설치

⑲ 고객의 출입을 고려한 신발장이 좌석별로 잘 배치되었는지 확인한다.

⑳ 휴대용 전화기의 충전기, 놀이방 등 고객 편의시설이 고려되었는지 확인한다.

위와 같이 총 20가지의 고려 사항을 확인한 후 토론 과정을 거쳐 최종적인 수정 도면을 작성한다.

2) 시공

점포의 시공 항목은 철거 공사, 목 공사, 전기 공사, 보일러 공사, 상 · 하수도 배관 공사, 미장, 타일 공사, 가스 공사, 간판부착 마감, 냉 · 난방 공조기기 설치로 나누어진다.

공사 순서는 공사 환경에 따라 일부 변경될 수 있다.

(1) 시공계약 체결 시 체크 포인트

시공 관련해서 예비 창업주는 전문가가 아니라고 해서 인테리어 업자에게 그냥 맡겨 두는 경우가 많은데 아래 내용은 꼭 확인을 해야 한다.

❶ 도어의 목적에 맞는 개폐 방향과 규격(홀, 주방, 화장실 출입구의 규격)을 확인한다.

❷ 홀 벽면의 내장 디자인과 건축 자재를 확인하고, 주방 벽면은 방수와 타일 작업을 확인한다.

❸ 팬트리 85cm. 디쉬업 100~120cm, 카운터는 75~90cm로 되었는지 확인한다. 포지션별로 작업을 진행하기 적당한 높이이므로 설치 시 충분히 고려한다.

❹ 기존 건물에 주방을 만들 때는 트랜치(급 · 배수 라인)를 설치해야 하므로 바닥을 깨어서 하거나 바닥보다 15~20cm 높게 해야 한다.

❺ 의/탁자 높이와 규격을 확인하고 위치를 설정한다. 테이블 객석 수와 분위기가 여기에서 좌우된다.

❻ 천장의 마감자재, 모양, 조명 등 공조 기기, 점검구, 배기, 흡기 위치, 덕트 등의 설비 도면이 포함되어 있는지 확인하고 지붕에 배기 부로아를 설치 시에는 동력도 확인한다.

❼ 도면에 조명기구의 수, 조도, 모양을 도면에 표시한다.

❽ 냉 · 난방 공조 기기는 위치, 객석과의 관계가 효율적인지를 확인하고 천장의 요철 부분에 직접 닿지 않는지 확인한다.

❾ 창호도는 출입구, 창문의 규격, 일람표와 위치, 종류별, 기자재별, 두께 표시 등을 체크하고 창호의 폭, 위치, 개폐 방향, 방식 등도 확인한다.

❿ 문의 뒤쪽과 주방 문은 손때가 잘 묻으므로 유의를 하며, 최소 폭은 70~90cm는 되어야 한다.

⓫ 설비 도면에서는 전기, 급ㆍ배수, 냉난방, 공조, 가스, 소방시설 등 설비에 관해서 확인한다.

⑫ 전기는 콘센트 위치, 주방, 사무실 객석별로 전압과 와트(W) 수가 정확히 설정되었는지 분전반의 위치, 전화나 POS, 인터넷 설치 관련 배선까지도 확인한다.

⑬ 주방의 배수방식과 그리스 트랩(G/T)이 작업에 불편함이 없는지 확인한다.

⑭ 화장실은 악취 방지를 위해 환풍기, 통기관이 계획되어 있는지 확인한다.

⑮ 방수공사는 업체의 보증서를 받아 두어야 한다.

⑯ 수도, 전기, 가스 등의 미터기 설치 장소를 확인한다.

⑰ 주방 도면은 1차로 주방업체가 작성하지만, 레이아웃이나 생산능력도 체크해야 하므로 주방기기가 작업 동선에 맞게 배치되었는지도 꼼꼼히 확인해야 한다.

⑱ 인테리어 업체와 주방업체의 공사 범위를 평면도 작성 시 확실하게 구분한다.

이외에 주방은 도시가스 공사와 온수 공급라인 확보 등을 점검하기 위해 시공계약 체결 시 특기사항으로 평면도, 전개도, 상세 부위 도면, 입면도, 단면도, 전기배선도, 주방 도면, 창호 도면, 흡/배기 도면, 수도 인입 도면, 배수 도면, 가스 인입 도면, 주방 내 도면, 가구 위치 도면, 소방 시설 도면 등 기구 표시도 등을 점검해야 한다.

(2) 시공 완료 시 최종 체크 사항

❶ 간판은 정해진 위치에 부착 상태가 양호한지 그리고 전등의 상태 확인, 상호, 전화번호, 업종 표시가 잘 되어있는지, 그리고 허가 관련 신고 여부를 확인한다.

❷ 입구의 출입문은 자동도어나 문의 개폐 상태가 합리적이며 설치가 튼튼하게 되었는지 그리고 방풍은 양호한지 확인한다.

❸ 벽, 천장은 구석이 깔끔하게 마감 처리되었는지, 벽과 천장 끝의 마감 자리, 벽과 바닥의 마감, 걸레받이 처리의 마감 등을 확인한다.

❹ 의/탁자 세팅 후 파손 또는 휘어지거나 흔들거리지 않는지, 높이는 규정대로 만들어졌는지 확인한다.

❺ 점포 내의 밝기는 적당한지 확인한다.

❻ 전기, 가스, 수도, 수압, 배수구, 배기 등의 계기가 정상 작동되고 있는지 확인한다.

❼ 좌변기, 양변기, 페이퍼 홀더, 물비누, 청소 도구함 등의 배치와 거울의 면이 고르며 깨끗한지 확인한다.

❽ 가스, 전기, 수도 미터기, 스프링클러는 정상인지 또 공조기는 계절과 관계없이 정상 가동하는지 확인한다.

❾ 냉 · 난방, 배기가 정상 가동되는지 역류 현상이 일어나지 않을지 확인한다.

위와 같이 현장에서 직접 체크를 해야 부실을 방지할 수 있고, 영업 중 하자 발생으로 고객에게 상당한 불편함을 주는 행위나 예상외의 타격을 미리 방지할 수 있다.

하자 발생 시 업체의 빠른 AS를 자랑하는 업체보다는 하자가 발생하지 않게 시공하는 업체를 찾는 것이 좋다.

3) 주방 설계

주방을 설계할 때는 주의해야 할 핵심사항을 잘 살펴야 한다.

첫째 위생적으로 작업할 수 있는 공간을 반드시 확보해야 하며, 둘째 주방 작업 능률의 경제성을 유지해야 하고, 셋째로는 주방 관련하여 작업 시 안전성에 중심을 두고 설계를 해야 한다는 것이다.

즉, 위생은 철저하게 관리되어야 한다. 개인적인 위생을 포함하여 종업원이 점포의 청결 유지로 맛을 더해 주어야 하는 것과 같이 누가 보아도 만족하여 신뢰할 수 있어야 한다는 것이다. 또한 작업 시 능률적인 조리가 될 수 있도록 레이아웃이 구성되어 경제성을 유지하고 종업원의 안전 또한 고려되어야 한다.

주방의 위치를 개략적으로 선정하고 건물 전체의 구조를 체크하며 가스, 급·배수 라인과 출입구 상황을 확인하는 작업을 현장 실측 시 진행해야 올바른 설계 계획을 준비할 수 있다. 이때 주방 규모를 결정해야 하는데 보통 메뉴의 종류, 품질 수준, 메뉴의 수와 차후 개발 메뉴 계획에 따라 주방의 기기와 보조 설비가 결정되며 주방 규모도 결정된다.

(1) 주방 설계의 순서

❶ 판매할 메뉴 수와 메뉴 종류를 먼저 결정하고 나서 메뉴를 어떻게 조리할 것인가 조리방법을 결정한다.

❷ 메인 주방에서 조리를 전부 할 것인지 또는 일부는 객석에서 할 것인지를 검토하고 최대 예상 판매량을 설정한 다음 주방 기기의 종류와 규격, 수량을 결정한다.

❸ 냉장고, 냉동고 등의 창고 스페이스와 가스렌지 등 공간을 확보해야 하며 이때 열기구와 냉장/냉동고는 반드시 일정 거리를 두어야 한다.

❹ 1시간 내 최대 판매 개수 등 생산량을 설정하고 주방기기별 생산능력을 확인한다.

❺ 작업 동선이 기기와 기기 사이를 최소 1.2~1.3m는 확보한다.

❻ 식재료 가공도에 의해 전 처리 스페이스도 확보하고 조리속도를 빠르게 할 수 있는 주방기기를 선정한다.

❼ 지금까지의 모든 조건에 맞추어 주방 레이아웃을 만든다.

❽ 주방의 위치는 객석에서 제품을 서빙하기 편리한 동선을 전제로 설정한다.

❾ 좌석 회전율이 높은 식당은 주방 면적이 넓어야 한다.

❿ 주방의 크기는 점포의 평면 형태(정사각, 직사각, 특수형으로 구분)에 따라 합리적으로 설정한다.

⓫ 방수 공사, 배수, 트랜치 공사, 그리스 트랩(G/T) 설정 후 시멘트 마감을 하며 주의할 점은 바닥재는 미끄럽지 않게 처리하고, 주방 바닥과 주방 벽체의 마감재는 반드시 샘플을 보고 결정해야 한다.

⓬ 온수 공급라인 확보와 배수 시설을 확보한다. 화장실이 가까울수록 설정이 쉬우며 물이 완전하게 빠질 수 있도록 가능한 한 경사지게 구성한다.

⓭ 전기(전압, 전력) 용량은 에어컨, 간판 등을 고려하여 과소, 과다 시 문제가 되므로 합리적으로 설정해야 하며 과다 시 승압 비용과 전기 요금이 과다하게 나오므로 주의가 요구된다.

⓮ 도시가스 설치 지역 여부 체크와 후드 설치도면 확인을 해야 하며, 가스 납품 계약서를 반드시 체결한다.

⓯ 덕트(환기) 설비 도면 확인(흡기, 배기시설로 숯불 사용 시 특히 주의)과 주방기기 배치도 확인(식품 보관 공간, 전처리 공간, 가열 조리 구역, 메뉴 차림 대, 식기세척기 공간 등), 주방기기 종류, 규격 및 리스트 작성

→ 주방 기물 선정(메뉴의 가격, 품질, 홀의 테이블 크기 등)과 피크 시간대 설거지 기물까지 고려한다.

(2) 주방 시공

주방 시공에는 어떤 종류들이 있고 각 시공이 무엇을 의미하는지 알고 있다면, 점포 설계 초기와 매장을 운영하면서 보수 공사가 필요할 때 공사 비용을 절감할 수 있으며, 현재 진행되고 있는 공사의 점검 또한 원활히 진행할 수 있다.

❶ 방수 공사

방수 공사란 건축물의 건물 외벽, 지붕 등의 누수를 방지하기 위한 공사를 말한다. 방수공사는 크게 아스팔트 방수 공사와 시멘트 액체 방수로 구분할 수 있다.

아스팔트 방수는 벽돌이나 콘크리트 등에 방수 지포를 녹인 아스팔트로 붙여대는 방식의 방수이며, 아스팔트, 아스팔트 펠트 및 루핑을 반복 적층하여 물 침투 방지층이 형성되게 하는 방식이다. 수명이 길고 방수 성능이 확실하나 시공이 번잡하다. 그러나 일반적으로 아파트 옥상 방수의 대표적 공법으로 자리 잡고 있다.

시멘트 액체 방수는 방수제를 물에 타서 섞은 다음 콘크리트 또는 모르타르에 섞어 방수 처리하는 것을 말한다. 시멘트 방수는 탄성이 없어 균열이 쉽게 발생하고 온도변화와 작은 진동에 내구성은 없으나 시공이 간편하고 가격이 저렴하여 소규모 지붕 방수, 지하실 내 방수 등 비교적 경미한 방수 공법으로 활용된다.

❷ 트렌치 공사

트렌치 공사는 미장으로 배수로를 만드는 방법과 PC(Precast Concrete) 트렌치를 이용하는 방식이 있는데, 두 경우 모두 배수로 면이 평탄하게 시공되기 때문에 물이 흐르지 못하고 고이는 문제가 발생하게 된다. 이러한 문제가 장기화한다면 악취가 나기 시작한다.

③ 그리스 트랩(GT) 공사

식당이나 대형 급식소 등에서는 요리에 사용한 조리기구나 기름이 묻은 그릇 등을 세척하게 되므로, 이러한 곳에 배출되는 오수에는 유지 및 부유 물질이 포함된다. 그런데, 이처럼 유지가 오수에 섞여 배출되면 환경오염이 발생하므로, 이러한 오수가 배출되는 오수관에는 물과 기름을 분리하여 물만 배출하고 분리된 기름은 수거하여 별도로 처리할 수 있게 된 그리스 트랩(GT)이라는 장치를 설치한다.

④ 후드 설치

후드란 열기, 수증기, 금속 가루, 냄새, 유해가스 연기 등을 국소적으로 배출하는 장치의 흡입구에 설치한 갓을 말한다.

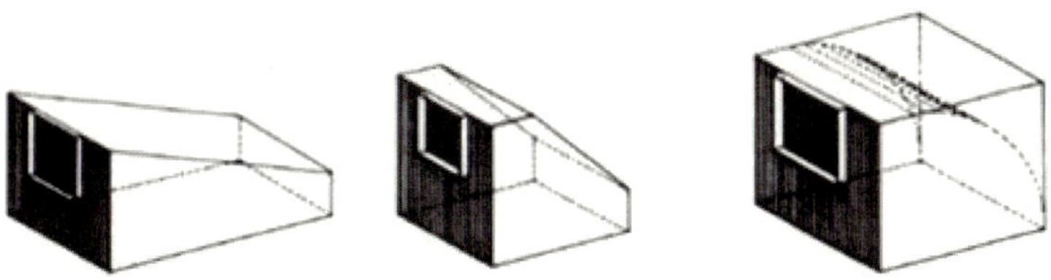

[각종 벽 배기 및 가로 덕트붙이 후드]

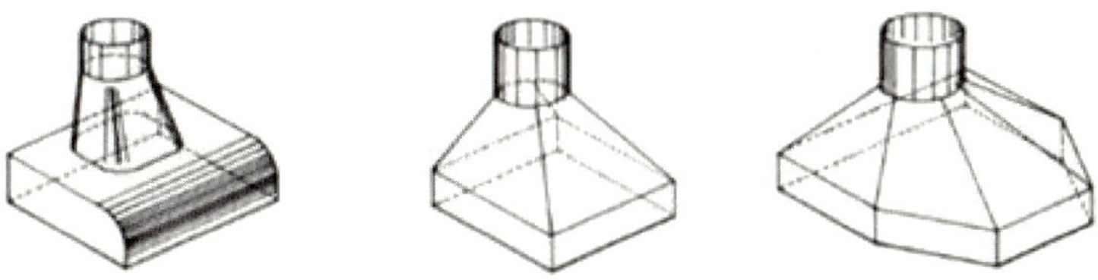

[각종 천장 덕트붙이 후드]

⑤ 덕트 설비

공기 또는 가스의 송기 및 환기용 관로를 말한다. 기체의 유속에 따라 저속 덕트(풍속 15m/s 이하)와 고속 덕트가 있고, 형상도 각(角) 덕트와 환(丸) 덕트로 나누어진다. 일반적으로 아연 철판이 많이 이용되고 있으며 외면은 보온재로 단열한다. 그 외에 보온재를 붙인 것과 플라스틱, 알루미늄, 스테인리스 강판 등 사용 목적에 따라 여러 재료로 만들어지고 있다.

풍도(風道) 또는 풍도관이라고도 한다.

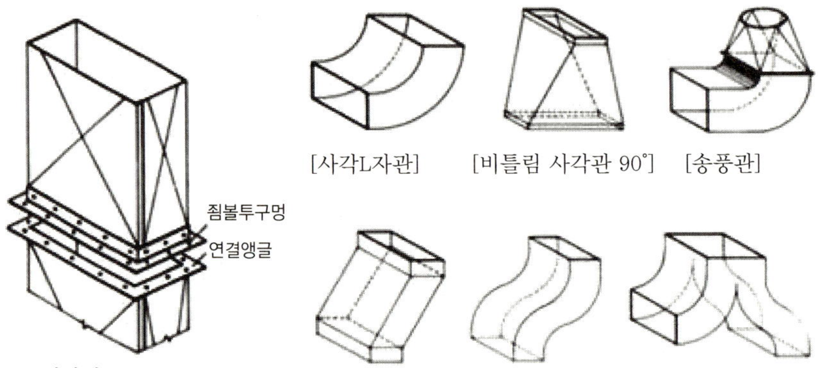

[사각덕트] [사각L자관] [비틀림 사각관 90˚] [송풍관] [턱솔 연결관 (가)] [턱솔 연결관 (나)] [이음관]

[점포 설계 – 주방 샘플]

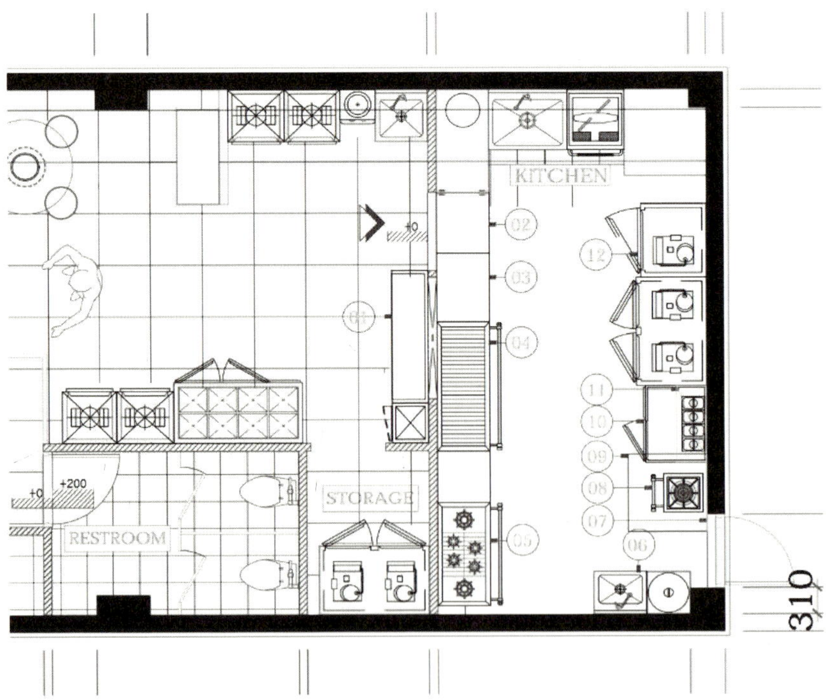

※ 위 샘플은 초벌구이를 사용하는 메뉴의 주방과 준비대를 설계한 샘플이다.

4) 인테리어

인테리어 업체를 잘못 선정하게 되면, 공사를 진행하는 과정도 원활하지 못할 뿐 아니라 심지어 공사 도중에 업체가 도주하는 경우도 발생할 수 있다. 그리고 무사히 공사를 마무리한 경우에도 하자 발생으로 인해 영업에 불편한 상황이 지속해서 반복되기도 한다.

따라서 인테리어 업체를 선정할 때에는 아래와 같이 유의해서 선택하여야 한다.

(1) 인테리어 업체 계약 시 유의사항

❶ 사업자등록이 되었는가?

법인이면 사업자등록이 되어있다. 하지만 인터넷이나 개인 소개 등으로 알게 된 업체일 경우에는 사업자등록이 되어있지 않은 곳도 있다. 그래서 낮은 공사 가격을 제시하면서 현금거래만을 요구하는 사례도 발생한다. 이렇게 사업자 미등록자와 인테리어 시공 거래를 하게 되면 하자와 보수 문제가 발생할 때 시정을 요구할 수 없게 된다. 따라서 반드시 사업자등록이 된 인테리어 업체인지를 확인해야 한다.(세금계산서 발행 필수 – 세금 부과)

그리고 업체로부터 사업자등록증(사본)은 꼭 받아 두는 것이 좋다. 사업자등록증을 받아 두면, 향후 인테리어 시공상의 문제점이 발생했을 경우, 관련한 대처나 보완이 어렵지 않게 가능해질 수 있다.

❷ 고정된 사무실이 있는가?

홈페이지나 블로그를 보고 인테리어 업체와 연락이 되는 경우가 있다. 이러한 업체는 공사할 현장에서 견적을 냄과 동시에 계약을 체결하자고 서두르거나 아니면 지금 다른 현장에 있다는 핑계를 대면서 인근 카페로 오라고 해서 계약을 체결하는 사례 등이 빈번하다. 만약 이러한 양상이 보인다면 계약서 작성을 미루는 것이 좋다. 계약서는 반드시 인테리어 업체의 사무실로 직접 가서 확인한 다음에 서면으로 계약을 체결해야 문제를 차단할 수 있고 또 문제가 발생하지 않는다.

❸ 업력이 얼마인가?

업력은 업체가 그동안 시공했던 경력을 말한다. 시공했던 경력이 곧 그 업체의 실력으로 이어지기 때문에 어느 정도 업력인지 알아야 한다. 만약 한 장소(지역)에서 업체가 영업활동을 오래 한 곳일 경우에는 실력을 믿을 수 있다.

❹ 계약서에 도장을 찍는 사람이 대표자인가?

규모가 상당한 법인체라면 도장을 찍는 사람이 대표자가 아닐 수 있다. 그러나 법인사업자가 아니고 영세한 개인사업체의 경우에는 이야기가 달라진다. 그렇기 때문에 사업자등록증 명부상 대표와 직접 계약을 체결해야 한다. 계약서를 작성할 때에는 상대방의 신분증을 요구, 확인해야 한다. 아울러 신분증 사본을 따로 복사해서 받아두는 것도 좋은 방법이 된다. 도장 대신에 지장을 찍자고 말한다거나 계약 당사자와 입금을 할 계좌의 명의인이 일치하지 않을 경우가 더러 있다.

그렇다면 일단 의심을 해 보는 것이 좋으며, 왜 그런 것인지를 확인한 후에 문제가 없다고 판단되면 그때 가서 진행 여부를 결정해도 늦지 않기 때문이다. 사소해 보이더라도 가장 중요한 절차상의 문제이니 반드시 진행해야 한다.

❺ 견적서는 꼼꼼하게 확인한다

계약에 있어서 견적서는 그 기초가 된다. 견적서는 추후에 하자 등의 문제가 발생할 경우를 대비해서 계약서에 첨부해 두는 것이 좋다. 견적서는 계약서에서 다른 말을 못하게 만드는 중요한 증거서류가 되기 때문이다. 그렇기에 견적서는 창업자 스스로가 직접 하나부터 열까지 그 내용을 챙겨야 한다.

❻ 계약 해제 요건을 확인한다

계약서는 인테리어 업자가 준비(인쇄)한 양식을 일반적으로 사용한다. 계약서에는 갑과 을이 누구이고 그 권리와 의무, 책임소재 등의 내용이 들어있다.

따라서 이를 꼼꼼히 잘 살펴야 하며, 갑(사업자)에게 혹 불리한 조항이 있는데도 모르고 지나칠 수 있기 때문에 주의해야 한다. 또한 문장이 모호하게 작성된 사례도 있으므로 갑의 입장에서 이해가 되지 않는다면 그 부분에 대해 자세한 설명을 을(인테리어 업체)에게 요구해야 한다. 필요하다면 특정 부분에 대해서 첨삭을 요구할 수 있다. 오류가 있다면 즉각 수정해 줄 것을 을에게 요구해야 한다. 을에게 엄연한 과실이 있음에도 불구하고 갑이 계약을 해지할 수 없게 만드는 이상하거나 독소적인 조항은 없는지 계약서를 먼저 읽고 검토를 마친 후에 작성해야 한다.

갑에게 지나치게 일방적인 요구를 부가하는 내용이 계약서에서 발생되는 경우가 있으니 이럴 때는 즉각 합리적인 내용으로 해당하는 문구를 수정해 줄 것을 을에게 당당하게 요구해야 한다.

❼ 선입금 납입은 일단 의심하라

계약서에 기재된 날짜보다 일찍 착수금, 중도금, 잔금을 요구하는 경우가 있다. 이럴 때는 일단 의심을 해야 한다. 계약서에 명시된 내용과 같이 공사(공사 기간)가 진행되면 돈을 지불하겠다고 이야기를 하면 되기 때문이다. 만일 상황에 따라서 돈을 을에게 급히 지급하는 경우라면 반드시 영수증을 수령하거나, 가능한 계좌이체 등을 통해서 돈이 이미 지급된 증거를 남기고 보관해둬야 한다.

❽ 지나치게 싼 견적도 의심하라

지나치게 싼 견적가로 고객을 유인하는 업체가 있다. 이는 자재 품질이 떨어지거나 갑을 속이려는 사기 가능성이 농후하다.

❾ 현장과 친해져라

을(인테리어업체)에게 현장을 일임하고 갑(사업자)이 현장에 나타나지 않는다면 득보다는 실이 많이 발생한다. 왜냐면 좋은 품질로 공사가 완공되기 쉽지 않기 때문이다. 따라서 갑은 가능한 을이 진행하는 공사현장에 자주 가봐야 한다.

그리고는 자신의 눈으로 현장을 직접 살펴야 한다. 감독하는 것이 결국 좋은 품질의 완공 상태로 연결된다.

(2) 인테리어 계약

❶ 인테리어 계약 프로세스

의뢰 ▶ 현장 답사 설계 ▶ 1차 견적 협의 ▶ 2차 견적 협의 ▶ 견적 확정 ▶ 계약 ▶ 시공

❷ 인테리어 계약서 작성 내용의 검토

인테리어 공사 계약 체결은 인쇄된 계약서에 따라 총 도급액, 부가세액, 공사간, 계약금, 중도금, 잔금 등 일자와 조건 내용 외에도 별도로 특약사항을 기록할 수 있다. 이를테면 책임의 한계, 공사의 지연 문제에 대한 책임, 사고 발생 건의 책임소재 명시화, 계약 이행조건 및 해지 조건 제시 등으로 발주자의 권리를 최대한 계약서에 포함하고 추가하도록 해야 한다. 인테리어 의뢰부터 시공까지 원활한 진행을 위해서 반드시 필요하다.

❸ 공사 계약 체결 시 체크 항목

특기 사양서 / 공사 보증 방법 / 공사 중 화재보험의 가입 여부 / 공사 지연에 따른 책임 범위 / 도로사용권 및 인근 주택, 상가와의 업무조정 / 입면도

특기 사양서

도면에 표시할 수 없거나 공사에 대한 상세한 내용을 정리하기 위해 도면에 특기사항을 다룬 내용

❹ 인테리어 공사 중 확인할 주요 공사 내용

철거 공사/목조 공사/전기 공사/보일러 공사/배관 공사 미장 및 타일 공사/가스 공사/간판 부착 / 마감 및 점검 (체크리스트 작성) / 냉난방 공조 기기 설치

- 도어 및 창호의 개폐 방향과 규격, 주방 · 화장실 · 점포 출입구의 규격 등을 확인한다.
- 벽 디자인은 벽면을 장식할 내장 디자인과 함께 건축자재도 확인한다. 아울러 주방의 벽면은 주방기기가 위치하게 되므로 특히 방수 부문에 문제가 없는지에 대해서 시공계약 과정에서 반드시 확인할 필요가 있다. 또한 일정한 높이로 타일 작업이 완성되었는지 꼼꼼하게 확인해야 한다.
- 높이 : 팬트리(85cm), 디쉬업(100~120cm), 카운터(75~90cm)
  주방을 만들 때는 급 배수 라인 설치를 해야 한다. 이때 주방의 높이는 점포 바닥보다 약 15~20cm 높게 공사한다.

팬트리 식기를 저장하고 세척하는 장소
디쉬업 고객의 식탁에 음식물이 오르기 전에 주방에서 메뉴를 세팅하는 장소

❺ 의자, 식탁의 높낮이와 규격, 시공 위치 등을 고려해서 시공해야 한다.

❻ 천장의 마감자재, 모양, 조명, 공조 기기, 점검구, 배기, 흡기 위치, 덕트 등을 설비 도면에 포함, 지붕이나 옥상에 배기 부로아를 설치할 경우에는 반드시 동력(마력 수)도 확인한다.

❼ 조명은 조도와 조명기구 수, 모양을 도면에 표시하고 그 샘플이나 제품 카탈로그, 사진 등을 첨부하여 이상 유무를 대조하고 확인한다.

❽ 냉난방 공조 기기의 위치, 객석과의 관계가 합당한지에 대해서도 이상 유

무를 확인하고, 천장의 요철(凹凸)부분에 기기가 직접 닿지는 않는가 여부도 확인한다.

⑨ 창호(창과 문의 총칭) 또는 출입구, 창문의 규격 일람표와 위치, 종류별, 기자재명, 스텐 혹은 스틸인지를 확인한다. 또 문의 두께 표시 및 창의 폭과 위치, 개폐 방향 방식 등을 확인한다.

⑩ 뒤쪽이나 주방에 연결되는 문의 경우에는 주로 종업원이 이용한다. 따라서 손때가 잘 안 타는 자재를 사용하는 것인지에 대해 확인한다.

⑪ 설비 도면에서부터 전기, 급·배수, 냉난방 공조, 가스 등 점포의 모든 설비에 관련한 내용을 숙지하고 확인한다.

⑫ 전기는 콘센트 위치, 주방, 간판, 객석별로 전압과 와트 수의 정확성 여부, 분전반 위치, 전화나 POS 등의 배선까지도 확인한다.

⑬ 화장실은 냄새 방지 장치, 환풍기, 통기관이 시공에서 계획에 포함되었는지 여부를 확인한다.

⑭ 방수 공사는 보증서를 받아 두는 것이 향후 이로우니 미리 확인해 둘 필요가 있다.

⑮ 수도, 가스, 전기 등의 계측기 설치 장소도 확인해야 한다.

⑮ 인테리어 업체와 주방업체의 공사 범위를 사전에 명확히 확인해야 한다.

(3) 인테리어 시공 – 홀

❶ 가 설공사

공사가 착공되기 전의 기본 시설물 설치를 말한다. 부지 조사, 공사용 제설비, 가설 울타리, 가설 건물, 수평보기, 기준틀 설치, 비계발판 대기, 잔교, 기계기구 그 밖의 공사를 말한다.

즉, 공사 완성을 목적으로 공사기간 중 일시적으로 설비한 제반 시설 및 수단을 총칭한다. 가설은 그 완성한 자체가 공사 목적물에 직접 부가되지 않는 것으로 공통적 가설, 직접적 가설로 분류된다.

❷ 철거 공사

평면도와 투시도를 근거로 공사를 시작하게 되는 첫 단계로 불필요한 시설물을 철거하는 공사를 말한다.

❸ 습식 공사

미장 공사와 같이 물을 혼합한 재료를 이용하여 시공하는 것으로 건조함으로써 공사가 완성된다. 일반적으로 공기(공사 기간)가 길어지는 특징이 있다.

❹ 금속 공사

금속류를 다루는 공사 중 철골, 철근, 판금, 창호, 설비 공사를 제외하는 공사를 총칭한다. 예를 들면 코너비드, 줄눈 철물, 조이너, 논슬립 등의 부착 공사가 있다.

❺ 목 공사

목 공사는 각종 목조 건축 공사, 철근 콘크리트 구조나 철골구조 등의 기초목 공사, 마무리 목 공사, 형틀목 공사 등 종류가 다양하지만, 크게 구분하여 구조 목 공사, 기초 목 공사, 거푸집 목 공사, 마무리 목 공사로 나눈다.

❻ 도장 공사

페인트, 니스, 에나멜, 수성 도료 등을 써서 건축물의 나무 부분이나 금속분, 벽면 등을 칠하여 부식의 방지와 보존을 도모하며, 아름답게 장식하는 공사를 말한다.

❼ 타일 공사

벽이나 바닥에 타일을 붙이는 공사이다.

⑧ 바닥 공사

건축물의 바닥을 마감하는 작업을 총칭한다. 모르타르 칠, 콘크리트 고르기, 돌, 타일, 비닐 바닥 시트, 플로어링 보드 붙임, 융단 깔기 등이 있다.

⑨ 도배 공사

벽, 천장, 창, 장지문, 장판 따위에 종이나 도료 따위를 발라 치장하는 공사를 말한다.

⑩ 유리 공사

유리가 끼워진 칸막이, 커튼 월(장막벽)이나 창유리의 부착 등 유리를 다루는 공사를 총칭한다.

⑪ 전기 공사

전주를 세우고 애자를 통하여 전선을 가설하거나 지하에 케이블의 매설, 변압기, 안전기 등의 장치, 외등의 설치공사 등이 포함된다.

⑫ 설비 공사

건축물의 냉난방, 공기 조화, 급・배수, 기타의 위생 관계, 전기/가스 관계, 기타 여러 설비 전반의 공사를 말한다.

⑬ 배관 공사

건물 또는 각 실에 따라 수도, 난방, 급・배수 탱크, 목욕탕, 하수도, 전기 등의 파이프를 설치하는 공사를 말한다.

⑭ 냉・난방 및 덕트 공사

덕트는 공기를 옮기기 위해 금속판 또는 그 밖의 적절한 재료로 만들어진 공기의 통로를 말한다. 냉・난방의 급배기용 풍도, 송풍용 풍도, 환기 효율을 높이기 위하여 천장안과 벽체 내에 설치하는 것으로 그 경로나 형, 곡면 저항에 따른 팬의 종류, 파워의 선정이 필요하다.

냉방은 고기집일 경우 기본 용량의 3배가 필요하며, 대형 매장인 경우 시스템 에어컨 설치가 효율적이다.

(4) 시공 공정표

각 공사별로 착공부터 완성까지의 일정 및 작업량 등 시공 계획을 표시한 것이다. 종류에는 전체 공정표(기본 공정표)와 부분 공정표(상세 공정표), 예정 공정표와 실행 공정표가 있고 형식에는 횡선식(막대식), 그래프식, 열기식, 네트워크식 등이 있다.

(5) 시공 체크리스트

항목	세부내용	내용	비고
시공	체크사항	※ 도어	
		– 각 창호의 개폐 방향, 규격 확인	
		– 사무실, 주방 출입구, 화장실 출입구 규격 확인	
		※ 벽	
		– 내장 디자인과 건축자재 확인	
		– 주방 벽면 : 방수, 타일 작업 체크	
		※ 높이	
		– 업종(한식, 양식, 중식, 일식, 기타)	
		– 주요 근무자 인구통계학적 특성	남성, 여성, 연령층 고려
		– 팬트리 : 85cm	
		– 디쉬업 : 100~120cm	
		– 카운터 : 75~90cm	
		※ 천장	– 도면에 표시 체크 – 환풍 관련 동력 확인 (반드시 진행) – 아이템에 맞는 조도 체크 (조광기 설치 권고)
		– 마감재	
		– 모양	
		– 조명(조도, 조명기구 수, 모양)	
		– 공조기	

항목	세부내용	내용	비고
시공	체크사항	- 점검기	
		- 배기, 흡기 위치	
		- 덕트	
		- 배기 브로아	
		※ 냉난방기, 공조기	
		- 위치	- 계절성을 고려한 냉·난방 체크 - 전력량 체크
		- 객석과의 관계	
		- 천장의 요철 부분에 닿는지 여부	
		※ 창호	
		- 출입구	
		- 창문의 위치	
		- 일람표와 위치	
		- 종류별, 기자재별, 두께 표시체크	
		- 폭, 위치, 개폐 방향 및 방식	

항목	세부내용	내용	비고
시공	체크사항	※ 전기	
		- 콘센트 위치	
		- 주방 벽면 : 방수, 타일 작업 체크	
		- 홀 객석별	
		- 전압 와트 수 설정의 정확도	
		- 분전반 위치	
		- 전화, POS, 인터넷 설치 배선	
		※ 주방 배수 방식 확인	
		※ 그리스트랩 위치 확인	
		※ 화장실 체크 사항	
		- 악취 방지 장치	
		- 환풍기	
		- 통기관	
		※ 주방기기 작업 동선 확인	
		※ 방수공사 보증서 확인	
		※ 미터기 설치 장소 체크	수도, 전기, 가스 (담당자 확인)

		※ 공사 범위 명확히 규정	
		- 인테리어 업체와 주방 공사 업체 역할	업체와 협의

(6) 간판 설치

간판 업체는 인테리어 업체와 분리하여 선정하는 것이 불필요한 비용을 절감(인테리어 업체에 위임 시 수수료 발생)하는 효과가 있다. 간판은 디자인 작업 - 제작 - 설치의 3단계로 진행이 되며, 디자인 작업이 대체로 가장 오랜 시간이 소요된다.

간판 업체 중에는 디자인부터 제작 및 설치까지 내부적으로 모든 시스템을 갖춘 경우가 효율적으로 업무 진행하는 데 도움이 된다. 간판 설치는 인테리어 공사가 종료되어 가는 시점에 진행한다. 따라서 디자인 최소 5일, 제작 2일, 설치 1일~2일로 총 10일 정도가 소요된다. (공사 규모에 따른 일정 가감)

❶ 간판 설치 허가 시 구비서류

세부내용	내용	비고
간판설치 허가	※ 구비서류 준비	
	- 광고물 허가(변경)신청서	필수 서류
	- 디자인(원색도안)	
	- 설계도	
	- 시방서	
	- 건물주 사용 승락서	
	- 약도	필요 시
	- 설치 전, 후 사진	
광고업체	- 사업자등록증 사본	
	- 옥외광고업 신고필증 사본	
	- 옥외광고기능사 자격증 사본	
기타	※ 허가증 발급	7일~15일 소요
	※ 안전도 검사 신청 (광고협회)	2016년 이후 광고물 허가 신청서에 추가

[간판 설치 샘플 1. 전면 간판]

[간판 설치 샘플 2. 기타 사인물]

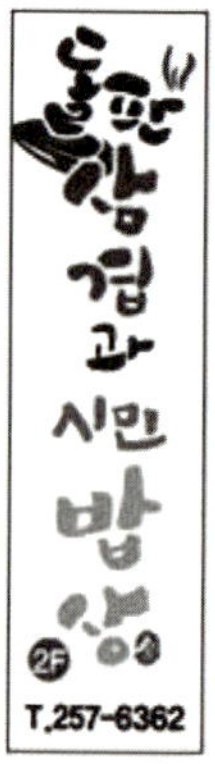

[돌출]

[입간판]

[에어간판]

[배너]

[메뉴보드]

(7) POS 설치

POS(Point of sales)는 판매 · 회계의 거점에 컴퓨터 단말을 설치하여 판매 정보 등을 관리하는 방법을 말한다. POS 시스템은 고객의 주문 접수부터 주방의 제조단계, 그리고 최종 결제 단계까지의 내부 소통의 역할을 담당한다. 프로그램이 적합하지 않게 설정될 경우, 근무자와 소비자 간의 소통에 많은 불편함을 초래하게 된다.

대부분은 통합 프로그램을 사용하여왔지만, 최근에는 업종의 특성을 살려 편리하게 구성할 수 있는 버전의 프로그램도 등장하고 있다.

POS 설치 시에는 근무자의 동선을 고려한 위치 선정이 필요하다. 주문 POS의 위치, 프린터의 위치에 따라 불필요한 근무자의 동선을 줄이고, 효율적으로 운영할 수 있다. POS 시스템은 프로그램과 주변장치(터치 모니터, 금고, 영수증 프린터)로 구성되어 있다.

❶ POS 시스템의 도입 목적

잘 갖추어진 POS 시스템은 매장 운영을 효율적으로 관리할 수 있는 편리함과 정확성을 제공한다. 대부분의 음식점에서는 POS 시스템을 단순 주문접수와 결제 용도로 사용하고 있지만, POS 시스템의 기능은 재고(원가 및 자동 발주)의 관리, 인건비의 관리 등을 자동으로 산출해 주어 일일 손익관리가 가능하게 한다. 이렇듯 POS 시스템은 더 효율적으로 숫자를 관리할 수 있도록 하는 목적이 가장 크지만, 현실적으로는 그 기능을 제대로 활용하지 못하고, 단순기능인 계산과 주문 관련 소통, 결제의 용도로만 사용되고 있다.

세부적인 POS의 기능을 살펴보면 다음과 같다.

- 매출, 회계 업무를 개선하고 매출 관리가 신속한 자동화 시스템을 갖출 수 있다.
- 주문의 접수, 내용 전달, 제조, 제공, 결제 단계의 소통 역할을 담당한다.
- 수표 조회를 자동화할 수 있다.
- 신용카드 업무의 획기적 개선이 가능하다.

- 불량고객(승인 거부자)을 즉시 판별하여 불량 매출을 사전에 방지할 수 있다.
- 다양한 고객 확인 기능을 갖추고 있어 고객서비스를 개선할 수 있다.
- 전표를 작성할 필요가 없어 고객이 정산대에서 기다리는 시간을 줄여준다.
- 상품정보 및 영업 정보의 활용에 따른 매출 극대화가 가능하다.
- 주문 기록을 바탕으로 다양한 분석이 가능하고 영업 방향 설정에 활용할 수 있다.
- 신속한 상품정보 분석으로 고객 요구 변화를 빠르게 수용할 수 있다.
- 본 · 지사 체제 구축을 지원하므로 통합 정보 관리가 용이하다.(프랜차이즈 경우)
- 정상, 불량고객 및 비정상 카드 즉시 확인으로 타사 신용카드 처리업무를 합리화할 수 있다.

❷ POS 시스템의 기대효과

[매장 부분]

- 수작업 분류, 집계 폐지 : 정산 이후 전산으로 자동 집계
- 정산의 간소화 : POS에서 현금 재고 및 전표 매수 입력 후 최종 입력표 출력
- 전표 발행 : POS에서 전표의 인증으로 인한 신뢰도 향상 및 처리 속도 개선
- 카드 관리 : 불량 고객 조회, 한도 초과 승인, 고객 서비스 개선
- 매장 재고 관리의 효율성(재고 수량 및 미 입고 상품 신속 파악)

[관리 부분]

- 매출 : 매출의 자동 입력
- 회계 : 전표 관리 및 매출 자동 집계
- 영업 관리 : 재고의 신뢰성, 매출 동향의 신속한 파악, 보고 업무의 간소화

- 매장 재고 관리의 효율성(재고수량 및 미입고 상품 신속 파악)
- 직원 관리 : 출퇴근 등록, 근무 현황 관리 등
- 고객 관리 : 회원 등록을 통한 할인율 적용 및 기념일 문자 메시지 전송

POS 업체와 계약 시, 자신이 사용하기 편한 인터페이스가 적용된 POS 프로그램을 선택하는 것이 중요하며, 교육 이외 POS 매뉴얼을 POS 업체에 요청하여 보관하는 것이 좋다.

(8) 카드 가맹점 등록

세부내용	내용	비고
카드가맹점 등록	※ Van사 섭외 및 결정	수수료 확인
	※ 구비서류 준비	
	- 대표자 신분증 사본	
	- 사업자등록증 사본	
	- 결제 통장 사본	
	- 해당 업종에 따른 서류	영업신고증
	- 법인등기부 등본	법인에 해당 (개인사업자 생략)
	- 법인인감증명	
	- 법인도장 or 사용인감계	
	- 신용카드 조회기 설치확인서	
	- 카드 가맹점 가입신청서	
	- 약도	

※ 카드사에 따라 차이가 있지만, 일반적으로 4일~5일간의 심사기간이 필요하다.

4. 인허가 관리

음식점을 창업하여 영업하려는 경우에는 인허가를 받기 위한 준비과정이 필요하다. 영업신고를 하고, 사업자등록증을 발행하기까지의 준비사항을 살펴보도록 하겠다.

외식업종은 종류별로 영업허가를 받아야 하는 영업과 영업신고를 해야 하는 영업으로 구분된다.

TIP 영업 허가와 영업 신고의 차이

- 영업 허가 : 현장실사 및 시설 조사 부분이 필수적으로 이루어진 후에 결재가 진행된다. (행정청의 구체적인 행정 행위가 개입되는 방법 – 단란주점과 영업주점에 해당)
- 영업 신고 : 법에서 정한 일정 요건을 갖추면 그 효과가 발생한다. (일반음식점)

1) 영업 신고 전 준비서류

(1) 보건증

식품 또는 식품첨가물(화학적 합성품 또는 기구 등의 살균 · 소독제는 제외)을 채취 · 제조 · 가공 · 조리 · 저장 · 운반 또는 판매하는 일에 직접 종사하는 영업자는 반드시 건강진단결과서(보건증)를 발급받아야 한다.

- **보건증 발급 방법** 인근 보건소에 방문 후 접수 및 검사
- **검사항목** 장티푸스/세균성 이질(변봉 검사), 폐결핵(흉부 방사선 검사), 전염성 피부질환(혈액 검사)
- **수수료** 3,000원(보건증 발급 의료기관 12,000원~20,000원) – 일부 지자체 지원 가능
- **준비서류** 본인 신분증

- **소요 기간** 5일
- **유효기한** 1년(판정일 기준)
- **주의사항** 건강진단결과서는 접수증으로 대체될 수 없다.

(2) 식품 위생교육 수료증

음식을 다루는 모든 업종에서 위생관리 책임자가 반드시 수료하여야 하는 교육으로 영업 신고 전에 반드시 이 위생교육이 선행되어야 한다.

- **일반 음식점의 교육기관** 한국외식업중앙회, 한국외식산업협회
- **휴게 음식업(자판기 포함)의 교육기관** 한국휴게음식업중앙회
- **교육 기간** 매년 1월 2일~12월 31일
- **수강료** [신규] 일반 음식점/집단 급식소/위탁 급식업 25,000원
  [기존] 일반 음식점 7,000원, 집단 급식소 14,000원
  위탁 급식업 14,000원
- **교육 시간** [신규] 6시간, [기존] 3시간
- **교육 주기** 1회/년

[교육 대상별 위생 교육기관 정보]

위생 교육기관	교육 대상
한국식품산업협회	식품제조 · 가공업,즉석판매제조 · 가공업, 식품첨가물제조업, 식품운반업,식품소분 · 판매업, 보존용기 · 포장지제조업, 위탁급식업,집단급식업
(사)한국휴게음식업중앙회	휴게음식점업, 자동판매기영업
(사)대한제과협회	제과점업
(사)한국단란주점업중앙회	단란주점업
(사)한국유흥음식업중앙회	유흥주점업
(사)한국식용유지고추가공업중앙회	즉석판매제조가공업 중 압착식용유업
(사)한국수출가공식품업중앙회	즉석판매제조가공업 중 추출가공업
(사)한국떡류식품가공협회	즉석판매제조가공업 중 떡류가공업

(3) 임대차 계약

임대차 계약서는 영업신고 시 제출해야 하는 서류이다.

(4) 신분증

영업신고 시 신분을 증명할 수 있는 서류가 반드시 필요하다.

(5) 소방 완비 증명서

지하에 위치하여 면적이 66㎡ 이상인 경우와 지상 2층 이상으로 100㎡ 이상인 경우에 소방 완비 증명서를 구비하여야 한다.

(6) 액화 석유가스 사용검사 필증

LPG 가스를 사용하는 경우 구비한다.

(7) 수질검사 성적서

지하수를 사용하는 경우 구비한다.

2) 영업 신고 절차

영업 신고 전 준비서류를 구비하여 해당 관청에 방문한다.

(1) 신규

- 상가 건물의 용도 및 불법 건축물 확인 : 건축물대장상 '근린생활시설(1종/2종)'이며 위반 건축물이 없어야 허가증 발급이 가능하다.
- 기존 사업자의 영업허가권이 폐업 신고되어야 신규 영업허가권이 발급될 수 있다. (공실 임대차 계약 시 기존 사업자의 폐업 신고 여부를 반드시 확

인해야 한다. 기존 사업자의 폐업 여부를 확인하기 어려운 경우, 기존 사업자의 폐업 신고가 되지 않았을 경우 건물주가 폐업 신고를 책임지고, 미진행 시에는 계약을 해지한다는 내용의 특약이 필요하다)

- 위생교육 수료증 및 보건증 발급 후 지참
- 주방 조리기구 : 조리, 세척, 식기 소독, 환풍, 하수도 시설 점검
- 연료시설 가스 안전점검 필증 : 조리 연료인 가스 안전점검(가스안전공사) 필증 발급
- 안전시설 완비 증명서(소방법)
  - 2층 이상 면적 100㎡ 이상/지하층 66㎡ 이상 : 화재배상책임보험 의무가입
  - 1층 면적 100㎡ 이상 : 재난 배상책임보험에 의무가입
- 하수도 원인자부담금(하수도법) : 도시계획에 의해 하수 종말처리장이나 하수관로 공사에 필요한 비용을 그 오수를 발생시킨 본인에게 부담시킨다는 내용으로 건축주가 부과하는 것이 맞지만, 완공 후 운영되던 업종과 다른 용도로 변경될 경우, 큰 금액의 비용이 발생할 수 있다.

[용도에 따른 1㎡당 1일 오수 발생량]

- 판매/영업시설(음식점-일반음식점 : 한식/분식/호프/주점 등) : 70L/㎡
- 판매/영업시설(음식점-휴게음식점 : 커피전문점/베이커리 등) : 35L/㎡

※ 1일 오수 발생량×연면적/1000=일일 발생 사용량(톤) (10톤 이상인 경우, 하수도 원인자부담금이 발생한다)

(2) 지위 승계

전 임차인이 동일한 업종을 운영 중인 경우, 지위 승계를 통해 영업 신고 절차

를 간편하게 진행할 수 있다. 지위 승계가 가능한 상황이면, 신규보다는 지위 승계를 선택하는 것이 현명하다. 대표자가 직접 방문할 경우, 빠른 진행이 가능하다.

[양수자와 양도자가 동행 방문할 경우]

■ **필요서류 – 양수자**

- 영업지위승계 신고서
- 위생교육 수료증 및 보건증 발급 후 지참(대표자가 경영에 참여하지 않을 경우, 위생 담당자 지정 가능, 위생담당자 지정 시에는 위생담당자의 신분증 사본 필요)
- 대표자 신분증과 도장(법인의 경우, 법인인감증명서/법인등기부등본/법인도장/대표자 신분증)
- 임대차 계약서

■ **필요서류 – 양수자**

- 영업신고증 원본
- 신분증과 도장

3) 음식점 오픈 행정절차 요약

No	발급 및 서류절차	발급기관	처리 기간	준비물	비고
1	영업 신고 지역확인	구청 민원실		건축물 관리대장	- 점포 계약 전 확인필요
2	보건증 발급	관할 구청 보건소	5일	신분증 수수료 3,000원	- 결핵, 간염, 장내 세균검사 - 연 1회 실시 - 음식을 취급하는 모든 직원 대상
3	위생교육 수료증 발급	외식업중앙회 한국외식산업협회	6 시간	수수료 25,000원	- 신규 사업자는 6시간 교육 수료
4	소방안전 시설 완비 증명서	관할 소방서			- 지상2층 : 100㎡ 이상 - 지하 : 66㎡ 이상 - 인테리어 업체에 지원 요청

5	액화석유 가스 시설완성 검사필증	관할 가스안전공사			- LPG 가스를 사용하는 경우 LPG 판매점 또는 대리점에서 대리신청
6	수질검사 성적서	관할 구청 취수방제과	7일		- 지하수를 사용하는 경우에 해당
7	영업 신고 신청 (신규)	관할 구청 위생과	3 시간	- 영업신고 신청서 - 위생교육 수료증 - 보건증 - 임대차 계약서 사본 - 신분증 - 소방 완비 증명서 - 액화가스 사용검사 필증 - 수질검사성적서	- 수수료(신규) 28,000원 - 면허세 18,000원~45,000원
8	영업 신고 신청 (지위 승계)	관할 구청 위생과	3 시간	- 영업자 지위 승계 신고서 - 양도 양수 계약서 - 영업신고증 (기존 사업자) - 위생교육 수료증 - 보건증 - 임대차 계약서 사본 - 신분증	- 수수료 9,300원
9	사업자등록	관할 세무서		- 사업자등록 신청서 - 임대차 계약서 - 영업신고증	

4) 기타 영업에 필요한 준비사항

(1) 보험 가입

음식점에서 발생하는 안전사고를 대비하기 위해서는 보험 가입이 필요하다. 보험 가입은 건물을 소유한 경우와 건물을 임차한 경우에 따라 가입해야 하는 특약이 일부 상이하다.

❶ 건물(영업장)을 소유한 경우

[재물손해 – 화재]

구내 폭발물 담보 특약, 화재 배상책임 담보 특약

[배상 책임 손해]

생산물 배상책임 보험(음식물 담보), 영업 배상책임 보험, 시설(소유)관리자 특약, 주차장 특약, 가스 사고 배상책임 보험(가스 사용자)

화재보험의 구내 폭발 담보 특약은 폭발사고(화재 없는)로 인한 가입자의 재산 손해 보장을 위한 것이고, 가스 사고 배상책임보험은 가스폭발로 인한 제3자(업주와 종업원 제외)의 손해에 따른 법률상 손해배상 책임을 보장하기 위한 것이다.

그리고 영업 배상책임보험은 보통약관에 각 업종별 또는 위험별 특약을 부가하는 형태로 가입한다.

❷ 건물(영업장)을 임차한 경우

[재물손해 – 화재]

구내 폭발물 담보 특약, 배상책임보험

[배상 책임 손해]

생산물 배상책임보험(음식물 담보), 영업 배상책임보험, 임차자 특약, 시설(소유)관리자 특약, 주차장 특약, 가스 사고 배상책임보험(가스 사용자)

위와 같이 음식점을 운영하는 자영업자가 음식점 운영과 관련하여 발생할 수 있는 각종 안전사고 및 위험은 손해보험사에서 판매하는 화재 및 각종 배상책임보험으로 보장받을 수 있다.

화재보험과 배상 책임보험은 모든 손해보험사에서 판매하고 있기 때문에 어느 보험사로 가입하든지 상관이 없다. 다만 기존에는 화재보험과 배상책임보험 대부분에서 보험사별로 차이가 없었으나 (동일 요율 적용) 최근에는 자사의 경험률을 반영함에 따라 보험 종목별, 적용 업종별로 보험료 차이가 발생하고 있으므로, 보험료 및 보상 범위를 확인 후 가입하는 것이 좋다.

❸ 보험 가입 사례(조건별, 회사별, 업장별 상이)

구분	보험상품	내용	보험료	보장범위
재물손해(화재)	화재보험	화재로 인한 건물(영업장) 및 집기/비품 손해 보장	월 10,000원	- 건물 2억 원
재물손해(화재)	화재보험	화재로 인한 건물(영업장) 및 집기/비품 손해 보장	월 10,000원	- 시설(인테리어) 1억 원
재물손해(화재)	화재보험	화재로 인한 건물(영업장) 및 집기/비품 손해 보장	월 10,000원	- 집기/비품 5천만 원
배상책임손해	화재보험 (화재 배상책임 담보 특약)	화재로 인한 제 3자의 손해에 따른 법률상 손해배상책임을 보장	월 1,200원	- 1사고당 1억 원
배상책임손해	음식물(생산물) 배상책임보험	식중독, 음식물 이상으로 인한 손해배상	월 2,000원	- 대인 1인당 1천만 원/ 1사고당 5천만 원 - 자기부담금 30만 원 - 매출액 5억 원 이하
배상책임손해	영업배상 책임보험 (시설소유 관리자특약)	식당 내 발생 안전사고로 인한 고객손해 보장	월 3,300원	- 대인 1인당 1억 원/ 1사고당 5억 원 - 대물 1사고당 5억 원 - 자기부담금 10만 원
배상책임손해	가스 사고 배상책임보험	가스폭발로 인한 제 3자의 인적 물적 손해 보장	월 100원	- 대인 1인당 8천만 원 - 대물 1사고당 3억 원 (도시가스 82.5㎡ 이하)
OO화재 순수 소멸성 납입 보험료 (월납/3년)			월 16,700원	

※ 화재보험은 대체적으로 환급형보다는 소멸형이 유리하다.

(2) 지식 재산권

지식 재산이란 인간의 창조적 활동 또는 경험 등에 의하여 창출되거나 발견된 지식 · 정보 · 기술, 사상이나 감정의 표현, 영업이나 물건의 표시, 생물의 품

종이나 유전자원, 그 밖에 무형적인 것으로 재산적 가치가 실현될 수 있는 것을 말한다.

지식 재산권은 산업 재산권과 저작권으로 크게 구분되며, 산업 재산권은 특허청의 심사를 거쳐 등록하여야만 보호가 되고, 저작권은 출판과 동시에 보호된다. 그 보호 기간은 산업 재산권이 10년~20년 정도, 저작권은 저작자의 사후 50년~70년까지이다.

지식 재산권을 보유하면, 시장에서 독점적인 지위를 확보할 수 있고, 특허분쟁의 예방 및 권리를 보호받을 수 있으며 기술 개발 투자비를 회수하여 향후 추가 기술 개발의 원천을 만들 수 있다. 또한 정부의 각종 정책자금 및 세제지원 혜택을 받을 기회가 증가한다.

본서에서는 지식 재산권 중 음식업과 관련이 있는 산업 재산권에 관해서만 기술하도록 하겠다.

산업 재산권

산업 재산권은 산업 영역에의 기여에 대한 보호를 본질로 한다. 좁은 의미에서 특허권, 실용신안권, 디자인권 및 상표권 및 서비스표권을 총칭하며, 넓은 의미에서는 노하우(Know-how)권, 미등록 주지 상표권 등 산업상 보호 가치가 있는 권리를 모두 포함하여 말한다. 산업재산권은 특허청에 등록 함으로써 취득되며, 창작자에게 일정 기간 독점적 · 배타적 권리를 부여하는 대신 그 기간이 지나면 누구나 이용할 수 있도록 하여 기술진보와 산업 발전을 추구하려는 데에 그 의의가 있다.

1. 특허권

특허권은 인간의 창조적 활동 또는 경험 등에 의하여 창출되거나 발견된 무형적인 산물인 지식재산권 중 국가에 등록하여 이를 산업적으로 이용할 수 있는 가장 대표적인 산업재산권 중 하나이다.

특허청 특허 백서에 따르면, 2018년 전체 특허출원 건수는 209,992건으로 이는 전년 대비 4.9%가 증가한 것으로 특허권의 중요성과 관심이 지속해서 높아지고 있다. 특허법의 보호를 받을 수 있는 "발명"은 자연법칙을 이용한 기술적 사상의 창작으로서 고도한 것을 말한다. 따라서 특허권은 ① 신규성, ② 진보성, ③ 산업상 이용 가능성 있는 발명에 대해서만 보호를 받을 수 있다.

■ 특허법의 기본 원칙

동일한 발명이 두 개 이상 출원되었을 때 어느 출원인에게 권리를 부여할 것인가를 결정하는 기준으로 선출원주의와 선발명주의가 있는데 우리나라는 선출원주의를 채택하고 있다.

- 선출원주의 발명이 이루어진 시기와 관계없이 특허청에 먼저 출원한 발명에 권리를 부여하는 것으로 기술의 공개에 대한 대가로 권리를 부여한다는 의미에서 합리적이며 신속한 발명의 공개를 유도할 수 있다. 발명의 조속한 공개로 산업 발전을 도모하려는 특허 제도의 취지에 부합하는 기준이다. 선출원주의에서는 가장 먼저 출원한 자에게 특허권을 부여한다.
- 선발명주의 출원의 순서와 관계 없이 먼저 발명한 출원인에게 권리를 부여하는 것으로 발명가 보호에 장점이 있다. 특히 사업체를 가지고 있지 않은 개인 발명가들이 선호하는 제도로 발명가는 발명에 대한 일지를 작성하고 증인을 확보해야 하며 특허청으로서는 발명의 시기를 확인하여야 하는 불편함이 있다. 선발명주의에서는 가장 먼저 발명한 자에게 특허권을 부여한다.
- 도달주의 특허청에 서류를 제출하는 경우 언제 그 효력이 발생하는 것으로 보는가에 관해 도달주의와 발신주의가 있다. 우리 특허법은 도달주의를 원칙으로 하고 있다. (특허법 제28조 1항)
- 속지주의 1국 1특허의 원칙에 따라 각국의 특허는 서로 독립적으로 효력이 발생하므로 특허권 등을 획득하고자 하는 나라에 출원을 하여 그 나라에서 특허권 등을 취득하여야만 해당 국가에서 독점 배타적 권리를 확보할 수 있다.

특허청 홈페이지 참조

■ 특허 등록 요건

- 신규성　알려지지 않은 새로운 발명에만 특허를 부여한다는 요건

- 진보성　기존의 발명에 비해 진보된 발명에 대해서만 특허를 부여한다는 요건

- 산업상 이용 가능성　발명의 특허를 받기 위해서는 산업상 이용 가능성이 있어야 하는데 이는 특허법의 목적이 산업 발전에 이바지하는 데 있으므로 당연한 요건이라고 할 수 있다.
  따라서 산업상 이용 가능성이 없는 발명이나 산업 이외의 분야에서만 이용할 수 있는 발명은 비록 신규성과 진보성을 갖추고 있더라도 특허를 받을 수 없다.

■ 특허 등록 절차

1) 사전조사

- 선행기술정보　발명자, 출원인, 출원일, 공고일, 발명의 명칭, 발명의 상세한 설명, 특허 청구 범위, 도면 등이 게재된 정보자료이다.
  아이디어를 제품화하거나 현실화하는 첫 단계는 특허출원부터 등록까지라고 할 수 있다. 그전에 누가 나의 아이디어를 나보다 먼저 특허 등록한 사람은 없는지 검색해 보아야 한다.

- 인터넷을 이용한 국내 · 외 정보검색　한국특허정보원(KIPI), 과학기술정보통합서비스, 윕스(WIPS), 줌테크놀러지 등을 이용하여 선행기술 정보를 검색할 수 있다.

2), 3), 4) 사용자 등록, 출원, 접수

- 인터넷을 통한 출원　특허청에서 운영하는 특허로 홈페이지를 이용한 온라인 출원이 가능하다.

- 인터넷을 통한 출원 절차

※ 특허로 홈페이지 "전자출원 알아보기(좌상단)" → "전자출원 매뉴얼" 페이지 참고

1. 출원 인코드 부여 신청	2. 인증서 발급	3. 전자출원 SW 설치	4. 서식/명세서 작성
특허로 홈페이지 좌측 → 사용자등록/변경 → 사용자등록 → 특허고객번호 부여신청	특허고객번호 입력 → 인증서 등록 → 로그인	다운로드 및 설치방법 특허로 → 출원신청 → 국내출원 → 전자출원 SW 설치	전자출원 SW 이용 작성 출원서 및 의견서 작성 → 제출

5), 6) 심사와 등록

- **방식 심사** 출원인 적격, 필수사항 기재, 수수료 납부 여부 등 법령에서 정한 형식적 요건에 적합한지를 심사하며, 미비 사항이 있는 경우에는 반려될 수 있다.
- **출원 공개** 비밀로 유지될 필요가 있는 출원을 제외하고 계속 중인 모든 특허출원은 출원일(조약 우선권이나 국내 우선권이 주장된 경우 그 우선일)로부터 1년 6월이 지나간 때 또는 그 기간이 지나기 전이라도 출원인의 신청이 있는 때에 공보에 공개된다.
- **심사 청구** 특허 출원은 심사 청구가 있는 때만 심사한다. 심사 청구는 누구든지 할 수 있고, 심사 청구 기간은 출원일로부터 5년(실용신안등록 출원의 경우에는 3년) 이내이다.
- **실체 심사** 심사 착수는 심사 청구 접수 순서대로 하며, 출원 절차가 특허법 제46조의 방식에 위반되지는 않는지, 특허법 제62조 각호의 어느 하나에 해당하여 거절되어야 하는지 등을 심사한다.
- **의견제출 통지** 심사관은 특허출원이 특허법 제62조 각호의 어느 하나에 해당하여 거절 결정을 하고자 할 때는 거절 결정에 앞서 출원인에게 의견서를 제출할 기회를 주어야 한다.
- **의견서/보정서** 출원인은 심사관의 거절이유 통지에 대응하여 의견서를 제출할 수 있고, 특허법 제47조에 따라 심사관이 의견제출 통지서에서 지정한 의견서 제출 기간 이내에 보정서를 제출하여 명세서 또는 도면을 보정할 수 있다.
- **심사** 출원인이 의견서를 제출한 경우 제출된 의견서를 반영하여 거절 이유가 유지될 수 있는지를 다시 심사한다. 만약, 의견서 제출 기간 이내에 보정서도 같이 제출할 때는 해당 보정서에 의한 보정 사항을 반영하여 심사한다.

• **특허 결정** 심사관은 심사에 착수하여 심사한 결과 거절 이유를 발견할 수 없는 때에는 특허 결정을 한다.

• **거절 결정** 심사관은 의견서 및 보정 사항을 반영하여 다시 심사한 후에도 의견 제출 통지서에서 지적된 거절 이유가 해소되지 않았다고 인정하는 경우에는 거절 결정을 한다.

[특허 심사 절차 프로세스]

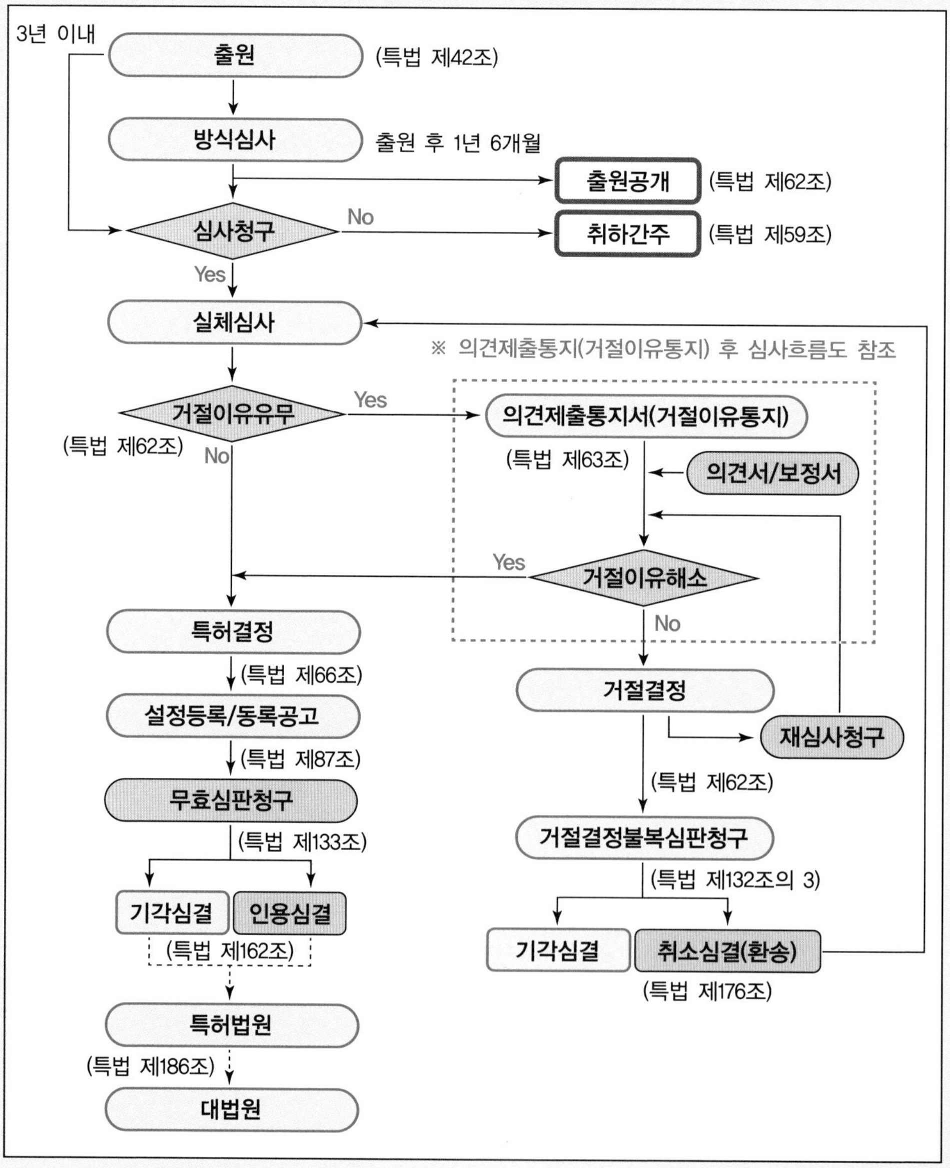

- **보정/재심사 청구** 출원인은 거절 결정 등본을 송달받은 날부터 30일(법정기간이 연장된 경우에는 그 연장된 때) 이내에 명세서 또는 도면을 보정하여 재심사를 청구할 수 있다.
- **재심사** 재심 청구가 있는 경우 그전에 했던 거절 결정은 취소된 것으로 보며 통상의 출원 심사와 같이 보정서를 반영하여 다시 심사한다.

2. 실용신안권

실용신안 제도는 특허법상 보호 대상인 '발명'이라는 고도의 기술에 가려서 사장되기 쉬운 실용적 기술 사상(小發明)인 '고안'을 보호하기 위해 마련된 제도이다. 현재 우리나라를 비롯하여 일본, 독일 등 일부 국가에서 운영되고 있으며 자국의 국내 산업 보호라는 산업 정책적 목적에서 탄생한 제도라고 볼 수 있다. 실용신안의 보호 대상은 물품의 형상 · 구조 · 조합에 관한 '고안'이다. 여기서 '고안'이라 함은 자연법칙을 이용한 기술적 사상의 창작을 의미한다.

실용신안은 고안이나 유용성 있는 기술을 대상으로 하고 있다는 점에서 특허와 유사하지만, 특허는 물건의 발명과 방법의 발명이 모두 가능하지만, 실용신안은 반드시 물건의 발명에 한정된다는 점이 다르다. 또한 특허권의 존속기간은 설정등록 후 출원일로부터 20년, 실용신안권의 그것은 설정등록 후 출원일로부터 10년으로 되어있어 실용신안권의 존속기간이 짧다. 일부 국가에서는 실용신안권을 실용신안 특허 또는 소 특허라 부르기도 한다. 우리나라 실용신안법에 따르면 실용신안은 이미 발명된 것을 개량해서 보다 편리하고 유용하게 쓸 수 있도록 한 물품에 대한 고안 그 자체를 말하며 소발명 내지는 개량발명으로 취급하고 있다. 특허가 발명을 보호 대상으로 한 반면 실용신안은 고안을 보호 대상으로 하는 것이다.

[네이버 지식백과] 실용신안 (시사경제용어 사전, 2017. 11., 기획재정부)

■ 실용신안 출원의 장점

❶ 단순 아이디어 제품이나 잡화 등에 유리하다.

❷ 출원일로부터 2개월 이내 분야와 관계없이 우선 심사가 가능하다.

❸ 실용신안 비용이 특허 비용보다 상대적으로 저렴하다.

■ 실용신안 출원이 특허보다 더 유리한 경우

❶ 권리 취득 및 행사의 목적보다는 기업 홍보의 목적으로 출원하는 경우

❷ 진보성이 낮아 특허출원을 해서는 등록받기가 어렵다고 생각하는 경우

❸ 기술 교체 주기가 빨라 존속기간이 굳이 길 필요가 없다고 판단되는 경우

3. 디자인권

디자인이란 물품의 형상, 모양, 색채 또는 이들을 결합한 것으로서 시각을 통하여 미감을 일으키게 하는 것을 말하며, 디자인에는 '물품의 부분' 및 '글자체'의 디자인이 포함된다.

■ 디자인의 대상이 되는 물품

물품이란 독립적으로 거래될 수 있으며 구체적인 형태를 갖춘 동산을 말한다. 부동산일지라도 "버스 승강장" 또는 "조립식 교량" 등과 같이 반복적으로 생산할 수 있고 이동이 가능하며 독립거래의 대상이 되는 것은 물품으로 인정된다. "한글 글자체" 또는 "숫자 글자체" 등과 같이 기록, 표시 또는 인쇄 등에 사용하기 위하여 공통적인 특징을 가진 형태로 만들어진 한 벌의 글자꼴도 물품에 해당한다.

■ 디자인 등록의 요건

❶ 디자인 등록을 받을 수 있는 자

- 디자인을 창작한 사람 또는 그 승계인은 디자인 등록을 받을 수 있다.
- 특허청 또는 특허심판원의 직원은 상속 또는 유증의 경우를 제외하고는 재직 중 디자인 등록을 받을 수 없다.
- 2명 이상이 공동으로 디자인을 창작한 경우에는 디자인 등록을 받을 수 있는 권리를 공유한다.

❷ 공업상 이용 가능성

- 공업적 생산방법으로 동일한 디자인의 물품을 반복하여 다량으로 생산할 수 있는 것을 말한다.
- 공업적 생산방법에는 기계공업적 생산방법 및 수공업적 생산방법이 포함된다.

③ 신규성

- 신규성이란 디자인 등록 출원을 하려는 디자인이 그 출원 전에 공중에게 알려지지 않은 상태를 말한다.
- 다음의 어느 하나에 해당하는 디자인과 동일하거나 유사한 디자인은 신규성이 없다.

  1. 국내 또는 국외에서 공지되었거나 공연히 실시된 것.
  2. 국내 또는 국외에서 반포된 간행물에 게재된 것.
  3. 국내 또는 국외에서 전기 통신회선을 통하여 공중이 이용할 수 있게 된 것.

④ 창작성

- 창작성이란 어떤 디자인이 다른 디자인과 객관적으로 명확하게 구별되는 정도를 말한다.
- 출원 전에 그 디자인이 속하는 분야에서 통상의 지식을 가진 사람이 다음의 어느 하나에 기초하여 쉽게 창작할 수 있는 디자인은 창작성이 없다.

  1. 국내 또는 국외에서 공지된 디자인
  2. 국내 또는 국외에서 널리 알려진 디자인
  3. 국내 또는 국외에서 널리 알려진 형상, 모양, 색채 또는 이들의 결합

⑤ 확대된 선출원

- 디자인 등록 출원한 디자인이 그 출원 후에 디자인 공보에 게재된 다른 디자인등록출원(그 출원 전에 출원된 것에 한정 한다)의 출원서 및 도면에 표현된 디자인의 일부와 동일하거나 유사한 경우에는 등록을 받을 수 없다.
- 그 디자인 등록 출원의 출원인과 다른 디자인 등록 출원의 출원인이 같은 경우에는 등록을 받을 수 있다.

⑥ 신규성 상실의 예외 주장

- 디자인 등록을 받을 수 있는 권리를 가진 자의 디자인이 공지된 디자인 등에 해당하게 된 경우, 그 디자인은 그날부터 6개월 이내에 그자가 출원한 디자인에 대하여 신규성 및 창작성 요건을 적용할 때에 공지된 디자인 등에 해당하지 않는 것으로 본다.

- 신규성 상실의 예외를 적용받으려는 자는 다음의 어느 하나에 해당할 때에 그 취지를 적은 서면과 이를 증명할 수 있는 서류를 제출하여야 한다.
  1. 디자인 등록출원서를 제출할 때(증명서류는 출원일부터 30일 이내에 제출)
  2. 디자인 등록출원에 대한 거절이유통지를 받고 의견서를 제출할 때
  3. 디자인 일부 심사 등록 이의신청에 대한 답변서를 제출할 때
  4. 디자인 등록 무효심판 청구에 대한 답변서를 제출할 때

■ 디자인권에 대한 세부사항

❶ 디자인권의 발생 및 존속기간

- 디자인권은 설정 등록에 의하여 발생한다.
- 디자인권은 설정 등록한 날부터 발생하여 출원일부터 20년이 되는 날까지 존속한다.
- 관련 디자인으로 등록된 디자인권의 존속기간 만료일은 그 기본디자인의 디자인권의 존속기간 만료일과 같다.

❷ 디자인권의 효력

- 디자인권자는 업으로서 등록 디자인 또는 이와 유사한 디자인을 실시할 권리를 독점한다.
- 디자인권에 대하여 타인에게 전용 실시권을 설정한 때에는 디자인권자는 실시할 권리가 없다.

❸ 전용 실시권

- 디자인권자는 그 디자인권에 대하여 타인에게 전용 실시권을 설정할 수 있다.
- 기본디자인의 디자인권과 관련 디자인의 디자인권에 대한 전용 실시권은 같은 자에게 동시에 설정하여야 한다.
- 전용 실시권자는 그 설정행위로 정한 범위에서 그 등록 디자인 또는 이와 유사한 디자인을 업으로써 실시할 권리를 독점한다.

❹ 통상실시권

- 디자인권자는 그 디자인권에 대하여 타인에게 통상실시권을 허락할 수 있다.

- 전용 실시권자는 디자인권자의 동의를 받아 그 전용 실시권을 목적으로 하는 통상실시권을 허락할 수 있다.
- 통상실시권자는 일정한 범위에서 그 등록 디자인 또는 이와 유사한 디자인을 업으로써 실시할 권리를 갖는다.

디자인이 속하는 분야에서 통상의 지식을 가진 사람이 다음의 어느 하나에 기초하여 쉽게 창작할 수 있는 디자인은 창작성이 없다.

1. 국내 또는 국외에서 공지된 디자인
2. 국내 또는 국외에서 널리 알려진 디자인
3. 국내 또는 국외에서 널리 알려진 형상, 모양, 색채 또는 이들의 결합

■ 디자인권자의 보호

❶ 권리침해에 대한 금지 청구권

- 디자인권자 또는 전용 실시권자는 자기의 권리를 침해한 자 또는 침해할 우려가 있는 자에 대하여 그 침해의 금지 또는 예방을 청구할 수 있다.
- 디자인권자 또는 전용 실시권자는 침해행위를 조성한 물품의 폐기, 침해행위에 제공된 설비의 제거, 그 밖에 침해의 예방에 필요한 행위를 청구할 수 있다.

❷ 권리침해에 대한 손해배상청구권

- 디자인권자 또는 전용 실시권자는 고의나 과실로 자기의 디자인권 또는 전용 실시권을 침해한 자에 대하여 그 침해에 의하여 자기가 입은 손해의 배상을 청구할 수 있다.
- 디자인권 또는 전용 실시권을 침해한 자는 그 침해 행위에 대하여 과실이 있는 것으로 추정한다.
- 비밀 디자인으로 등록된 디자인권이나 그 전용 실시권을 침해한 경우에는 과실이 있는 것으로 추정하지 않는다.

❸ 침해죄

- 디자인권 또는 전용 실시권을 침해한 자는 7년 이하의 징역 또는 1억 원 이하의 벌금에 처한다.
- 침해죄에 대하여는 권리자의 고소가 있어야 공소를 제기할 수 있다.

[디자인권 출원에서 등록까지의 프로세스]

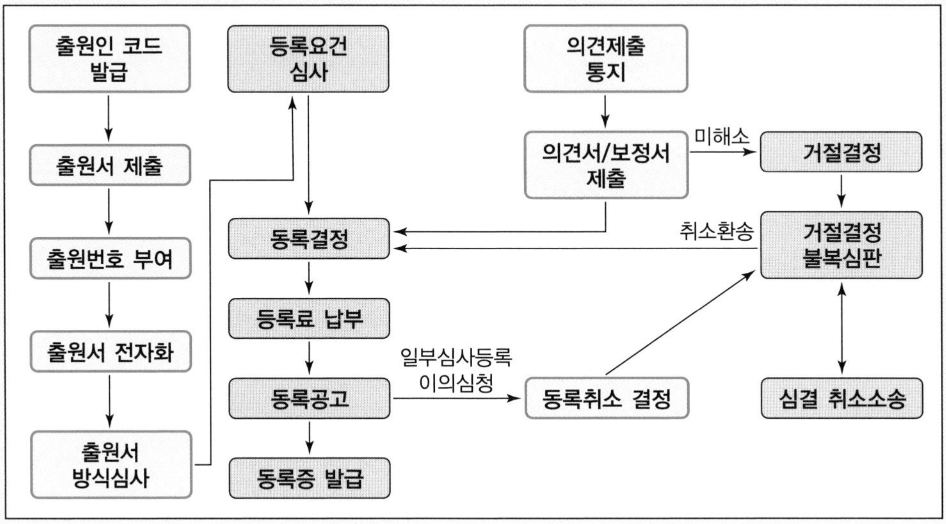

4. 상표권

"상표"란 상품을 생산 · 가공 또는 판매하는 것을 업으로 영위하는 자가 자기의 업무에 관련된 상품을 타인의 상품과 식별되도록 하기 위해 사용하는 다음에 해당하는 것을 말한다.

❶ 기호 · 문자 · 도형, 입체적 형상 또는 이들을 결합하거나 이들에 색채를 결합한 것

❷ 다른 것과 결합하지 않은 색채 또는 색채의 조합, 홀로그램, 동작 또는 그 밖에 시각적으로 인식할 수 있는 것

❸ 소리 · 냄새 등 시각적으로 인식할 수 없는 것 중 기호 · 문자 · 도형 또는 그 밖의 시각적인 방법으로 사실적(寫實的)으로 표현한 것

■ 상표의 기능

❶ **자타상품의 식별 기능** 상표를 상품에 표시하여 사용하는 경우 그 상표의 표시로 인하여 자기의 상품과 타인의 상품을 식별할 수 있는 기능

❷ **출처표시 기능** 동일한 상표를 표시한 상품은 동일한 출처에서 나온다는 것을 수요자에게 나타내는 기능

❸ **품질보증 기능** 동일한 상표를 표시한 상품은 그 품질이 동일한 것으로 수요자에게 보증하는 기능

❹ **광고선전 기능** 상표의 상품에 대한 심리적인 연상작용을 동적인 측면에서 파악한 것으로 상품 거래사회에서 판매촉진 수단으로서의 상표의 기능

❺ **재산적 기능** 상표가 갖는 재산적 · 경제적 가치기능으로서 상표의 재산적 기능은 상표권의 자유 양도 및 사용권 설정 등을 통해 구현된다.

■ 상표의 등록요건

❶ **인적 요건(상표등록을 받을 수 있는 자)** 우리나라에서 상표권자가 될 수 있는 자격을 갖는 자(개인 또는 법인)로서, 국내에서 상표를 사용하는 자(법인 · 개인 · 공동사업자) 또는 사용하고자 하는 자는 상표법이 정하는 바에 의하여 자기의 상표를 등록받을 수 있다.

❷ **실체적 요건** 상표의 등록요건은 출원의 형식 등 절차적 요건과 상표의 구성 자체가 자타 상품의 식별력을 가진 것인지 비등록 사유에 해당하지 않는지에 관한 실체적 요건(적극적 요건, 소극적 요건)으로 나누는데 상표법상 중요한 것은 실체적 요건이다.

■ 상표권에 대한 세부사항

❶ 상표권의 존속기간

- 상표권은 설정 등록에 의하여 발생하는데 상표권의 존속기간은 설정 등록이 있는 날로부터 10년이며, 상표권의 존속기간 갱신등록 출원 때문에 10년간씩 그 기간을 갱신할 수 있으므로 계속 사용을 하는 한 반영구적인 효력을 갖는다. 상표권의 존속기간을 갱신하고자 하면 상표권의 존속기간 만료 전 1년 이내에 상표권 존속기간 갱신등록 신청을 하여야 한다. 존속기간이 만료된 후라도 6개월이 지나기 이전에는 상표권의 존속기간 갱신등록 출원을 할 수 있으나 일정액의 과태료를 납부해야 한다.

❷ 상품분류 전환등록

- 1998년 3월 1일 이전에 구한국 분류에 따라 상품을 지정하여 상표권의 설정

등록, 지정상품의 추가등록 또는 존속기간 갱신등록을 받은 상표권자는 당해 등록상표의 지정상품을 산업자원부령이 정하는 상품류 구분(NICE 분류)에 따라 전환하여 등록을 받아야 한다.

- 상표권의 존속기간 갱신등록 신청과 상품분류 전환등록 신청을 하나의 신청서에 일괄 신청할 수 있다.
- 상품분류 전환등록을 받아야 하는 자가 법 소정의 신청 기간 이내에 상품분류전환등록을 하지 아니한 경우 상품분류전환등록의 대상이 되는 지정 상품에 대한 상표권은 그 신청기간의 종료일이 속하는 존속기간의 만료일에 소멸한다.
- 상품분류 전환등록신청은 상표권의 존속기간의 만료일 1년 전부터 존속기간 만료 후 6월 이내의 기간에 하여야 한다.

③ 상표권의 이전

- 상표권의 이전이란 상표권의 내용의 동일성을 유지하면서 소유 주체만을 교체하는 것을 말한다. 상표권도 무체재산권의 일종으로 일반재산권과 마찬가지로 자유로운 이전이 허용되어야 할 것이나, 상표법의 목적에 비추어 수요자 이익 보호 등을 위해 필요한 경우에 일정한 제한이 가해지고 있다.
- 일반적으로 상표권은 그 자체만을 특정하여 영업과 함께하지 아니하고도 매매, 증여 등에 의하여 자유롭게 양도될 수 있고, 또한 지정상품마다 분할이전 할 수도 있다.

■ 상표권자의 보호

① 상표권의 효력

상표를 등록할 경우 상표권자는 적극적으로 지정상품에 관하여 그 등록상표를 사용할 권리를 독점하는 독점권과 타인이 등록상표와 동일 또는 유사한 상표를 사용하는 경우 그 사용을 금지할 수 있는 금지권을 행사할 수 있으며 아울러 타인이 자기의 등록상표 또는 등록상표와 유사한 상표를 사용하는 등 상표권을 침해하는 경우 상표권자는 그자를 상대로 하여 침해금지 청구권 · 손해배상청구권 등을 행사할 수 있는 소극적인 효력을 갖는다.

❷ 상표권의 침해로 보는 행위

상표권은 상표권자만이 등록상표를 지정상품에 관하여 사용할 권리를 독점하므로 상표권자 이외의 자가 정당한 권한 없이 등록상표와 동일 또는 유사한 상표를 그 지정상품과 동일 또는 유사한 상품에 사용하는 경우는 물론 등록상표와 동일 또는 유사한 상표를 그 지정상품과 동일 또는 유사한 상품에 사용할 목적이나 사용하게 할 목적으로 교부 · 판매 · 위조 · 소지 및 보관하는 행위인 예비적 행위도 상표권을 침해하는 것으로 규정하고 있다.

❸ 상표권 침해에 대한 구제방법

상표권은 상표권자만이 등록상표를 지정상품에 관하여 사용할 권리를 독점하므로 상표권자 이외의 자가 정당한 권한 없이 등록상표와 동일 또는 유사한 상표를 그 지정상품과 동일 또는 유사한 상품에 사용하는 경우는 물론, 등록상표와 동일 또는 유사한 상표를 그 지정상품과 동일 또는 유사한 상품에 사용할 목적이나 사용하게 할 목적으로 교부, 판매, 위조, 소지 및 보관하는 행위인 예비적 행위도 상표권을 침해하는 것으로 간주하고 있다. 상표권 침해에 대한 구제수단은 다음과 같이 분류된다.

- 민사적 구제 침해금지 청구권, 손해배상 청구권, 가처분, 가압류, 신용 회복 조치 청구 등
- 형사적 구제(비친고죄) 침해죄, 몰수 등
- 행정적 구제 위조 상품의 단속, 세관에 의한 국경 조치, 산업재산권 분쟁 조정 제도 등

■ 상표권의 소멸

상표권은 존속기간의 갱신을 하지 않아 존속기간이 만료하거나 스스로 상표권을 포기하는 경우 또는 한국 상품분류로 등록된 지정상품에 대하여 소정의 기간 이내에 상품분류 전환 등록신청을 하지 않으면 소멸하며 또한 상표권자의 사망일로부터 3년 이내에 상속인이 그 상표권자의 이전등록을 하지 아니할 때에도 상표권은 소멸한다.

[상표권 심사 절차도]

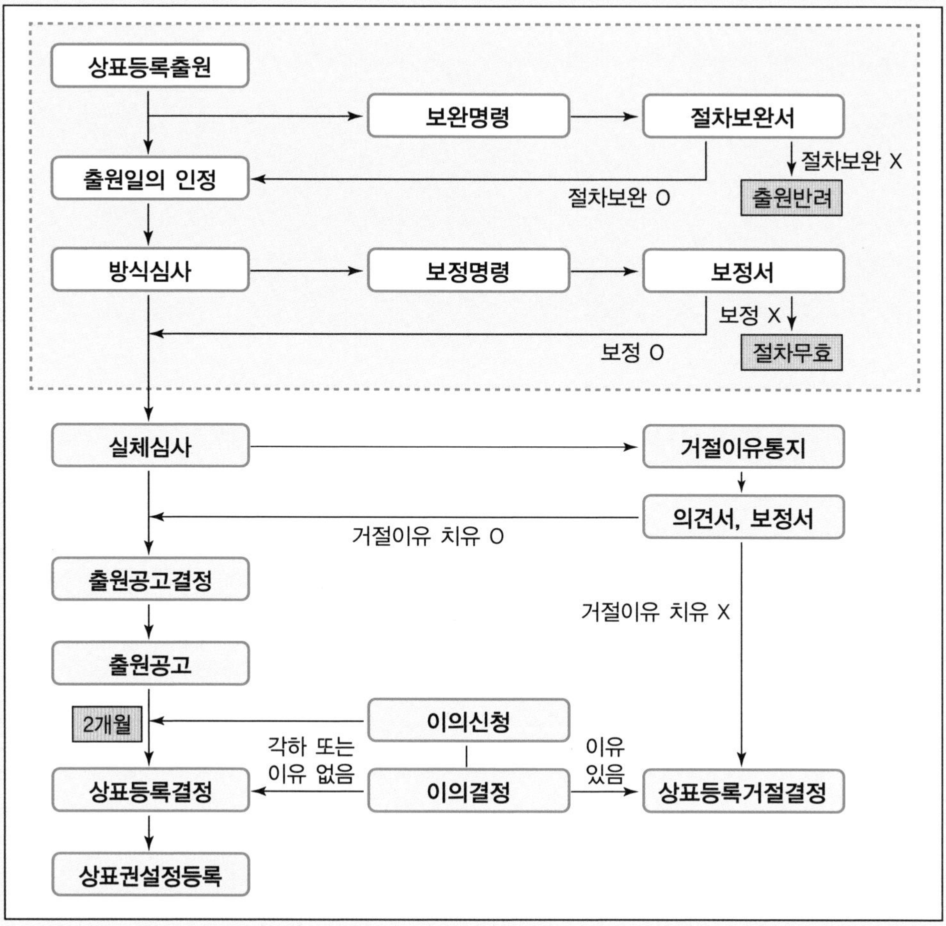
상표등록출원
보완명령
절차보완서
절차보완 X
출원일의 인정
절차보완 O
출원반려
방식심사
보정명령
보정서
보정 X
보정 O
절차무효
실체심사
거절이유통지
의견서, 보정서
거절이유 치유 O
출원공고결정
거절이유 치유 X
출원공고
2개월
이의신청
각하 또는
이유 없음
이의결정
이유
있음
상표등록결정
상표등록거절결정
상표권설정등록

Ⅳ

외식창업의 7P MIX

IV

외식창업의 7P MIX

외식창업을 준비하는 과정에서는 반드시 선행되어야 하는 것이 경영전략이다. 외식창업의 경영전략 편에서는 세부적인 경영전략을 계획하기 위해 마케팅믹스를 구성하는 요소별로 필요한 전략에 관해 설명하도록 한다.

마케팅믹스(marketing mix)란 일정한 환경적 조건과 일정한 시점 내에서 여러 가지 형태의 마케팅 수단들을 경영자가 적절하게 결합내지 조화해서 사용하는 전략을 의미한다. 즉, 어떠한 제품에 사용된 모든 마케팅 전략의 집합체를 조정, 구성하는 일이다.

마케팅믹스라는 용어는 미국 미시간주립대학의 교수인 E. 제롬 맥카시 교수가 1960년 처음 소개하였다. E. 제롬 맥카시 교수는 회사가 그들의 타깃 고객층을 만족시키기 위해서 제품(Product), 가격(Pricing), 장소(Place), 촉진(Promotion)으로, 크게 4가지로 나뉘는 마케팅 전략을 적절하게 섞어서 사용한다고 주장하였다.(Basic Marketing, 1960)

현대의 상황은 마케팅믹스가 처음 도입되었던 시기보다 많이 복잡해졌다. 단순 제조업의 마케팅 상황을 근거로 작성했던 4P MIX는 다원화된 현대사회에 맞춰 발전하였고, 과정(Process), 물리적 증거(Physical evidence), 사람(People)

의 세 가지 요소를 추가하여 7P Mix로 확장하여 정의하고, 다양한 산업에서 넓게 활용되고 있다.

본서에서는 외식업의 상황에 맞춰 7P Mix를 적용해보도록 하겠다.

1. Product(제품)

외식업에서의 제품은 좁은 의미에서는 '메뉴'라고 이야기할 수 있다. 메뉴는 판매 상품을 표현하는 기능적인 의미가 있지만, 실제로는 고객과의 소통, 브랜드 정체성, 프로모션, 사업의 수익성(원가율과 판매가격, 인원의 편성 등), 컨셉을 결정하는 매우 중요한 요소이기도 하다.

더욱이 2013년부터는 음식점 옥외가격표시제가 시행되고 있다. 옥외가격표시제가 시행되면서 영업장 면적이 150㎡ 이상인 일반음식점 및 휴게음식점은 최소 5가지 이상의 품목에 대한 가격을 외부에서 쉽게 확인할 수 있도록 표기해야 한다.

외부에서도 쉽게 매장에서 판매되는 메뉴의 가격을 확인할 수 있기 때문에 고객의 입점 선택권은 더 많아지게 되었고, 가격정책 또한 매출로 연결하는 역할이 매우 중요하게 적용되고 있다. 또한 포털사이트와 블로그 외 SNS를 통해서도 쉽게 가격을 확인하고 비교할 수 있는 지금, 무엇보다도 신중히 고려되어야 할 전략이 곧 가격전략이다.

1) 메뉴의 조건과 특징

메뉴란 차림 또는 식단이라고 불리며, 메뉴에 대한 정의를 내린다면 식사를 서비스하는 식당(통제관리의 기본)에서 제공하는 품목과 형태를 체계적으로 구성해서 고객이 선택하는데 필요하도록 안내 및 설명한 것을 말한다. 이를 목록표, 차림표, 식단표라고 하며, 이 메뉴는 식당경영의 운명을 좌우할 만큼 중요하며 잘 선정된 메뉴 구성은 보다 많은 고객 확보와 수익을 발생시켜 번성하는 식당으로 만들어 준다.

메뉴판의 구성에 따라 객단가의 차이가 나타날 수 있으며, 메뉴 믹스(메뉴별 판매 수량) 또한 변화할 수 있다. 메뉴는 고객의 선택을 매장에 유리한 방향으로 유도하는 역할을 충분히 해야 한다.

(1) 메뉴의 조건

❶ 경영자 측면에서의 조건

경영자 입장에서 '메뉴'는 이윤을 창출해주는 핵심 도구이다. 따라서 메뉴를 구성하고 기획하는 결과에 따라 매출, 수익이 결정된다. 경영자 측면에서 효율적인 메뉴 구성을 위해 필요한 조건을 살펴보자.

- 메뉴 개발은 그 식당의 목표와 목적을 반영하고 있어야 하고 그 식당에 음식 서비스의 존재를 위해 필요한 것을 반영할 수 있어야 한다. 메뉴로 매장의 컨셉을 구성해야 하며 자칫 정리되지 않은 메뉴 구성은 고객에게 매장의 서비스를 인지하는 과정을 혼란스럽게 만들 수 있다.

- 투자 예산은 음식 판매로부터의 소득과 음식 원가 비율에 따라 달라진다. 따라서, 음식 판매로부터의 소득은 고객의 가처분 소득, 시설의 위치, 서비스의 유형과 다른 결정요인에 따라 달라야 한다.

- 납품시장 상황 즉, 원재료의 수요와 공급의 측면, 계절적인 변동 등도 고려해야 한다. 계절과 관계없이 수급 가능한 식재를 사용하고, 계절별 가격의 변동폭이 작으면서도 원활하게 공급받을 수 있는 메뉴를 선택한다.

- 물리적 시설과 장비로 이용 가능한 주방 비품의 크기와 수용력도 고려해야 한다.

- 기술을 필요로 하는 메뉴 개발은 직원의 능력과 조리를 위해 이용 가능한 직원의 수(인건비)도 고려해야 한다.

- 메뉴 개발은 음식 조리와 서비스의 하부 시스템 유형(서브 시간)도 고려되어야 한다.

- 주방 동선을 고려해야 한다. 조리기구의 수는 필요 인원의 수와 비례한다. 조리기구가 많을수록 다양한 메뉴를 제공할 수 있지만, 주방 동선이 원활하지 않아 조리에 필요한 인력 또한 추가로 배치해야 하니, 메뉴구성 시 참고해야 한다.

❷ 소비자 측면에서의 조건

고객은 메뉴로 매장의 브랜드를 판단하기도 한다. 타깃 고객에 따라 선호하는 메뉴, 혐오하는 메뉴를 명확히 구분하여 메뉴 구성 시 적용해야 한다. 경쟁업체가 매우 다양한 현재 외식시장에서는 고객에게 명확한 메뉴 제시를 통해 이미지를 구축해 나가야 한다.

- 타깃 고객에 적합한 영양을 고려해야 한다. 균형적인 영양 음식 제공과 고객별(연령, 성별, 비만 여부, 건강 상태 등)로 세분화시켜, 그 타깃에 적합한 메뉴를 개발해야 한다. 메뉴의 영향은 타깃 고객의 관심사와 부합해야 한다. 타깃이 선호하는 형태의 메뉴 개발이 중요하다.

- 타깃 고객의 식생활 습관과 음식 서비스 선호도도 고려되어야 하는데 내적인 요인으로 모양, 색깔, 냄새, 질감, 온도, 맛, 제시되는 방식, 제공되는 온도, 담는 방식 등과 외적인 요인으로 어느 곳인가(입지적인) 하는 환경, 소비될 상황의 기능과 광고, 홍보, 식사시간과 계절 등을 고려하여야 한다.

- 생물학적, 생리학적 및 심리학적인 요인 등도 고려 대상이다.

- 인적 요인으로 기대수준, 타인의 영향과 식욕 분위기와 정서, 가족 상황, 교육 수준도 고려해야 한다.
- 이 밖에 사회, 경제적인 요인과 문화와 종교적인 요인도 고려 대상이다.

③ 음식 측면에서의 조건

음식의 기본은 맛이다. 맛은 어떠한 상황에서도 최상의 상태를 유지해야 한다. 따라서 메뉴의 선정 시 매장의 역량 내에서 실현 가능한 맛의 메뉴를 선택해야 한다. 매장 내부의 역량으로 맛을 구현하지 못할 경우, 레시피를 구입 또는 프랜차이즈와 같은 공급 채널을 확보하는 것이 좋다.

- 음식 색깔은 관심과 식욕을 촉진하는데 기여한다.
- 음식 질감과 형태는 다양성을 제공하며 음식에 대한 고객의 관심을 자극해준다.
- 음식 농도는 메뉴의 점도와 밀도의 정도를 말하는데 맛의 다양성을 제공한다.
- 음식 맛은 아주 중요하며 단맛, 쓴맛, 짠맛 등의 간을 잘 가미해야 하고, 혼합 시 독특한 맛을 창출할 수도 있어 고객특성에 잘 맞출 수 있도록 고려해야 한다.
- 음식 조리방법과 서빙 시 온도, 시각적인 효과를 위한 제시 방법도 아주 중요한 포인트가 된다.

서로 다른 측면에서의 조건을 살펴봤으나, 메뉴의 역할은 오히려 단순하다. 매장의 매출을 올리고, 손익관리에 도움이 되며, 지속적인 매출 발생이 가능해야 한다는 것이다. 따라서 아래의 세 가지 포인트는 메뉴선정 시 꼭 기억해 두어야 한다.

첫째, 중장기적인 식당경영의 정책과 그에 따른 판매계획을 수립하고 점포 입지와 고객 그리고 경쟁점을 잘 분석한 후 판매하여야 한다.

둘째, 식음료에 대한 원가를 정확하게 파악하고 관리하여야 한다.

셋째, 고객이 식사 욕구를 자극하는 선미(先味)를 최대한 불러일으켜야 하며, 중미(中味)는 물론 후미(後味)까지 잘 장식하여 지속적으로 재방문할 수 있도록 하여야 한다.

(2) 메뉴의 특징

메뉴는 식당의 운영 특성을 나타내는 얼굴 역할로 식당을 구성하는 가장 중요한 요소 중에 하나이다. 그러므로 잘 정리되고 콘셉트가 명확한 메뉴를 선정하는 것이 좋다. 또한 잘 만들어진 메뉴는 식당의 판매촉진을 위한 도구로서의 역할을 하기도 한다. 식당의 강점은 차별화된 맛이 만들어 낸다. 따라서 잘 만들어진 메뉴는 자연스럽게 식당을 알리고, 재방문을 유도하기 때문에 충분히 판매촉진의 역할을 담당할 수 있다.

메뉴는 상호와 업소의 외관 및 취식 형태와는 유사성이 있어야 하고, 식당의 조리 기술, 분위기와도 조화를 이루어야 한다. 식사는 편안한 장소에서 이루어지는 것이 가장 일반적이다. 어울리지 않는 외관과 메뉴, 그리고 분위기는 결국 불편함으로 이어지게 되고 그 불편함은 재방문에 큰 지장을 줄 수 있다. 따라서 인테리어, 근무자 복장, POP, BGM 등 식당을 구성하는 모든 요소들이 메뉴라는 큰 테두리 안에서 같은 방향을 바라보도록 설계되어야 한다.

2) 메뉴의 유형과 종류

(1) 메뉴의 유형

❶ 정식(Table d' hote menu) - 따블도뜨

일정한 요리 종류를 정해놓고, 한 끼분의 식사 전체로 구성되며, 미각, 영양,

분량의 균형을 도모하는 식단을 말한다. 최근 들어 고급레스토랑에서는 그다지 인기가 없으나 중저가형의 레스토랑에서는 많이 이용되고 있으며, 핵심은 메인 아이템, 특징은 제공되는 상품 수가 제한되며, 가격 통제가 쉽고, 저렴하지만, 고객의 취향에 따라 상품 변경이 안 되는 단점이 있다.

② 일품요리(A La carte Menu) – 알라까르뜨

고객이 스스로 자기의 기호에 맞는 음식을 식성대로 한 가지씩 자유로이 선택하여 먹을 수 있는 음식으로 현재 대부분 식당에서 사용하고 있는 메뉴를 말한다. 종류는 비빔밥, 덮밥, 카레라이스, 기타 국수류 등이 있다.

③ 특별요리(Daily special Menu)

특선요리, 특별요리(오늘의 "특선요리") 또는 오늘의 요리, 주방장이 추천하는 요리 등으로 불리는 이 특별메뉴는 당일 시장에서 사입되는 신선한 재료를 가지고 고객의 기호성에 맞추어 양질의 재료와 저렴한 가격으로 고객에게 서비스하는 음식을 말하는데 정식요리와 일품요리의 장점만을 혼합시킨 메뉴로 그 장점은 다음과 같다.

- 매일 새로 준비된 메뉴(음식)를 고객에게 빠르게 제공할 수가 있다.
- 재료의 사용에 있어 저장 재료를 낭비하지 않고 사용할 수가 있다.
- 고객의 메뉴 선택을 쉽게 해주는 역할을 한다.
- 매출액 증가에 기여한다.

④ 뷔페(Buffet Menu)

여러 그릇에 음식을 담고 접시와 포크 · 냅킨을 따로 놓아 먹을 사람이 마음대로 덜어 먹을 수 있도록 하는 식사 방식으로 음식 메뉴가 다양하게 구성되어 일정액을 지불하고 제공되는 모든 요리를 고루 먹을 수 있는 장점이 있다. 일정한 규칙은 없지만, 대체로 먼저 찬 음식부터 먹고, 따뜻한 음식을 섭취한 후 후식 등을 먹는 순서로 식사한다.

(2) 메뉴의 종류

❶ 간판 메뉴(대표)

매장을 대표할 수 있는 메뉴로 차별화, 개성화하여 고객에게 어필하는 수단이다. 자기 점포만이 가진 개발 메뉴로 특히 Take-out이 많은 점포는 이용률을 높이기 위해 필요하다. 간판 메뉴는 매장의 실력과 차별화를 판단할 수 있는 매우 중요한 역할을 담당한다. 따라서 간판 메뉴를 선정할 때는 품질, 가격, 수익성, 홍보 효과, 커뮤니케이션 기능을 충분히 검토한 후 결정해야 한다.

❷ 판촉 전략 메뉴

원가(Cost)가 낮으며 조리를 간편하게 할 수 있고 주방의 능력과 객석 수를 고려해서 판촉 전략(할인 쿠폰, 전단지, DM, 식사권 등)을 전개할 수 있는 메뉴이다. 판촉 전략 메뉴는 고객을 유입시키는 데 1차 목적이 있지만, 재방문으로 이어지게 하는 역할이 더욱 중요하다. 따라서 맛과 품질이 낮은 메뉴를 선정할 경우, 재주문율을 현격히 떨어뜨릴 수 있으니 주의해야 한다.

❸ 런치 타임 메뉴

회전율을 높이고 고객의 부담을 덜어 주기 위해 중식 시간에만 판매하는 한정 메뉴를 말한다. 런치 타임 메뉴는 매장의 메인 메뉴와 동일한 아이템의 메뉴로 구성하는 것이 유리하다. 또한 점심시간에 직장인과 한 끼 식사하려는 고객층을 확보하려는 목적으로 판매되는 메뉴이므로 가격 구성 또한 저렴하게 책정하는 것이 일반적이다. 따라서 원가율이 높은 경우가 대부분이므로 런치 타임 메뉴의 판매 여부는 인건비, 운영 비용, 원가 등을 포함해 수익적인 부분을 면밀히 검토 후 진행해야 한다.

❹ 티 타임 메뉴

가볍게 이야기를 나누며 먹을 수 있는 간식 메뉴와 음료로 구성되며, 대체로 여성 고객이 많은 헬스클럽이나 스포츠 시설 주변에 한정되어 판매되는 메뉴이다. 최근에는 카페 성격의 매장에서는 음료와 함께 간단한 간식 메뉴를 판매하고 있다.

❺ 계절 메뉴

계절의 미각을 자극하기 위해 개발된 계절 한정판매 1~2가지 메뉴로 구성한다. 계절 특산물 또는 날씨에 따라 계절별로 구성되는 메뉴로 물회, 콩국수, 냉면, 묵사발 새우, 방어, 굴, 과메기 등이 있다.

❻ 디너 메뉴

일과 후 가족이나 회사 동료 또는 회식 등으로 이용할 수 있는 메뉴로 단품보다는 10~15% 정도 할인된 코스 메뉴가 좋으며, 이때 전략적인 차원에서 음료나 디저트를 최대한 배려하여 끝을 장식해야 한다.

3) 메뉴기획과 메뉴가격 결정

(1) 메뉴기획 시 체크 사항

성공적인 메뉴를 기획하기 위해서는 아래 사항들을 세심히 체크해야 한다.

❶ 창업할 식당의 입지, 즉 도심과 주택 또는 특수상권 등의 위치에 맞는 메뉴 구성이 필요하므로 입지성을 고려해야 한다.

❷ 주변 시장의 판매되는 메뉴의 상황을 파악하고 그에 따른 차별화 전략 등을 구사해야 하므로 시장성을 반드시 체크해야 한다.

❸ 원가 절감을 통한 이윤 창출이 목적이므로 수익성을 고려해야 한다.

④ 식재료 구입 여부는 계절성과 신선도를 고려해서 시장의 상황을 파악해야 한다.

⑤ 조리기구와 시설의 수용 능력, 조리사의 기술, 작업조건 등을 잘 파악해야 한다.

⑥ 조리나 서비스에 드는 노동력을 파악해야 한다.

⑦ 주 고객층에 대한 사전 조사와 고객에게 균형과 영양적인 면도 검토되어야 한다.

⑧ 고객의 경제적 수준과 경쟁점을 고려해서 적정 판매가격을 결정해야 한다.

⑨ 점심 시간대와 저녁 시간대의 비중이 1970년대에는 30 : 70, 80년대는 50 : 50, 90년대는 60 : 40 IMF 때는 80 : 20 등으로 점심의 비중이 점점 강화되고 있음을 알고 있어야 한다.(메뉴별 상이함)

(2) 메뉴 아이템 선정 방법

상권과 입지, 타깃 고객에게 적합한 메뉴 아이템을 선정하는 것이 성공의 주요한 요인이 될 수 있다. 메뉴 선정 시에는 아래 내용을 충분히 검토한다.

❶ 틈새시장을 공략하기 위해 지리적, 소비계층별, 가격대별, 점포입지별로 차별화할 수 있는 메뉴 개발을 해야 한다.
(입지와 고객층 분석 → 점포의 콘셉트 결정 → 메뉴의 콘셉트 → 상품구성 결정과 주방기능 결정 → 객단가 체크 → 메뉴의 결정 → 메뉴 설명회 → 레시피 작성 → 식재료 구매 → 조리 → 판매)

❷ 하나의 아이템으로 전문 메뉴 2~3가지를 개발하여 특성 있는 전문식당을 만들어야 한다. 아이템이 여럿일 경우, 타깃 고객을 대상으로 매장의 콘셉트를 알릴 수 없다.

③ 최근의 외식형태인 양극화, 개성화, 퓨전화, 실버화, 패스트푸드화 등 고객의 트렌드에 주목해야 한다.

④ 입지와 상권에 맞아야 하고 업종과 입지의 조화로 성장 가능성까지 파악해야 한다.

⑤ 판매하려는 아이템으로 구성된 메뉴의 원가와 수익성, 운영과 관련된 투자 규모도 함께 검토되어야 한다.

⑥ 자신이 좋아하고 특성을 잘 알고 있는(관심 있는) 메뉴를 선택하여야 한다.

⑦ 조리 가능한 근무자의 역량을 파악하여 독립 점포로 할 것인가, 프랜차이즈로 할 것인가, 회원점으로 할 것인가 고려해야 한다.

⑧ 전문점에서도 보조 메뉴는 필요하다. 주 메뉴의 특성을 기본으로 함께 판매할 수 있는 보조 메뉴를 생각해야 한다.

⑨ 메뉴 선정에 도움을 줄 수 있는 전문가의 자문이 필요하다.

⑩ 주방의 능력과 종업원 수준을 고려해서 메뉴 수와 품질 수준을 결정해야 한다.

⑪ 판매 메뉴는 반드시 조리 레시피를 작성해야 한다.

⑫ 메뉴의 맛과 품질은 경영주의 주관적인 의견보다는 소비자층에 알맞은 객관성이 전제되어야 한다.

⑬ 세트, 창작 메뉴, 런치, 디너, 스페셜 등으로 이벤트화할 수 있는 메뉴로 고객 선택의 다양성을 고려해야 한다.

⑭ 향후 체인 본사가 될 것을 염두해 두고, 메뉴의 브랜드화를 고려한다. (선택)

⑮ 기물에 따라 음식(맛, 온도, 색깔의 밸런스)을 부각시키도록 오감을 자극할 수 있는 요소가 보이도록 요리와 기물의 조화를 고려한다.

⑯ 가격은 주변 입지의 소득수준을 고려해야 하고, 경쟁점과 비교하여 결정한다. 주류 판매 시에는 안주 메뉴에 충실해야 한다.

⑰ 유기농 야채, 청정 야채 등의 비약품성과 비비만성, 그리고 DHA, 저칼로리, 다이어트 메뉴 등 건강 메뉴 경향이 강화되고 있다는 점도 파악하고 있어야 한다.

⑱ 조리사의 경험이나 조리기술 수준을 너무 과신하여 다양한 것을 요구하지 말고 명확한 메뉴 콘셉트에 맞는 것만 지켜나가야 한다.

⑲ 개성적인 고객에게 선택의 다양성을 줄 수 있는 볼륨감 있는 메뉴 개발이 필요하다. 예를 들면, 소스류 몇 종을 만들어 테이블 위에 비치시켜 고객이 선호하는 맛을 직접 선택할 수 있도록 하는 방법이다. 이때 소스 통은 볼거리를 충분히 제공할 수 있도록 시각적인 효과도 생각해야 한다.

⑳ 창업 시 일부 경영주의 개인 기호에 의해 메뉴가 결정되는 경우가 있는데 메뉴 선정은 철저히 타깃 고객분석을 통해 이루어져야 하므로 경영주 개인 취향에 따라 변경돼서는 안 된다.

㉑ 재고를 고려한 한 가지 핵심 식재료로 여러 가지 메뉴를 조리할 방법의 메뉴를 개발 결정해야 한다. 즉 메인 아이템은 하나, 그리고 세부 메뉴는 메인 아이템의 범위에서 구성한다.

(3) 창업 메뉴 운영방법

선택된 창업 메뉴는 처음 시장조사에서 기획했던 내용을 흐트러짐 없이 유지해야 한다. 맛과 레시피, 식자재, 조리하는 근무자의 교육을 포함해서 기획 내용을 어느 정도 지속해서 실현하는지가 성공의 요인이 될 수 있다. 중요한 것은, 기획 단계에서 이미 타깃 고객이 선호하는 맛과 분위기, 비주얼 등이 충분히 검토되었다는 것을 간과해서는 안 된다. 어느 정도의 안정적인 매출이 나타날 때까지 신규 고객을 확보하는 전략에 집중해야 한다. 매출이 낮다고 맛을 변경하는 것은 자칫 근본을 무너뜨릴 수 있는 매우 중요한 선택이 될 수 있으므로 최악의 상황, 가장 마지막 단계에서 실시해야 한다.

❶ 개점 후 일부 경영주들은 일주일도 되지 않아서 창업 시 개발한 메뉴가 고객에게 잘 받아들여지지 않는다고 무조건 메뉴를 바꾸려고 하는 경우가 있다. 하지만 이때 바꾸어서는 절대 안 된다. 개점 후 최소 3개월은 개점을 알리고, 프로모션을 통해 신규고객을 확보하는 것에 집중해야 하는 시기이다. 일부 고객의 의견은 개인적인 취향이 반영된 내용일 수 있으니, 어느 정도 반응을 지켜보면서 고객을 통해 확인한 반응 중에서 문제점이 무엇인지를 확인하면서 변경 여부를 검토해야 한다. 맛이나 양, 그릇 등에 변화를 주었는데도 호응이 없다면 그때 가서 수정을 해 나가야 한다. 어찌되었건 간에 메뉴를 변경한다는 것은 가장 마지막에 이루어져야 하는 개선 방법인 것은 확실하다.

❷ 창업 초기에는 조리 부분과 서빙 부분을 고려해서, 메뉴 수를 가능한 최소화하여 운영해야 조리 시간 단축, 신속한 서빙, 빠른 객석 회전율 등으로 고객 만족을 줄 수 있다.

❸ 아무리 작은 점포라도 그 점포를 대표할 수 있고 추천할 수 있는 간판 메뉴를 반드시 만들어야 한다. 간판 메뉴는 매장 매출에서 많은 비중을 차지할 것이고, 고객의 재방문을 결정할 수 있는 주요 메뉴이기 때문에 신중하게 선택한다.

❹ 고객의 요구에 대응할 수 있는 계량 메뉴도 개발해야 한다. 식당에서 정하는 양보다 고객이 정하는 양대로 판매할 수 있어야 한다. 추가메뉴로 구성하는 것이 좋다.

⑤ 불륨감을 위해 대량메뉴 및 세트메뉴를 구상해야 하며, 밑반찬에도 신경을 써야 한다. 잘 짜인 세트메뉴는 객단가를 높여 매출향상에 기여한다.

⑥ 처음부터 원가부분을 너무 생각해서는 안 된다. 고객이 만족해야 번성점이 될 수 있다는 원리를 이해하고 매출이 어느 정도 확보되었을 때 정확한 원가 부분을 고려해도 늦지 않다. 이미 기획 단계에서 원가율은 충분히 고려되었기 때문이다.

(4) 메뉴가격 결정 방법

❶ 식재료 원가 비율을 고려한 가격 결정으로 보통 30~40% 선에서 형성되지만 면류는 10~20% 수준이고, 패스트푸드점은 37~40% 정도, 생고기전문점 같은 고기류는 35%~45%까지 육박하기도 한다.

❷ 음식의 노하우가 독특하거나 그 노하우가 상대적으로 희소성이 있을 때는 가격을 높게 책정해도 무방하다. 하지만 독특한 노하우가 확산되면서 현재는 희소성이 있는 메뉴의 가격도 함께 내려가 있는 추세이다.

❸ 점포가 위치한 해당 상권의 소득수준과 고객층 그리고 경쟁점과 영업 전략을 고려하여 충분하게 분석 후 가격 결정을 해야 한다.

❹ 비용에 목표이익을 합한 가격정책과 단체급식과 같이 최저 기본 객단가를 설정해서 책정하는 방법도 있다.

식당경영에 있어서 가격 인상, 가격 인하를 할 때는 적당한 사유와 명분이 있어야 한다. 명확한 명분이 없으면 우회적인 방법으로 전체 객단가를 높이는 방법이 있다. 새로운 메뉴인 정식 메뉴나 세트메뉴를 개발하고, 개발 메뉴의 가격을 높게 책정하면 자연스럽게 인상할 수 있다.
또한 가격 인하 시에도 반드시 고객 감사와 같은 명분이 있어야 한다. 경쟁점에서 인하하니까 경쟁적으로 나도 인하하는 것은 좋지 않은 방법이다.

4) 메뉴기획과 메뉴가격 결정 프로세스

메뉴기획안 수립 및 검토	메뉴 개발	가격 결정(1)
- 식재료의 수급 - 인력의 검토 - 비용의 검토 - 기기 주방설비의 검토	메뉴구성 초안 작성	식재료 거래업체 경쟁 입찰
	메뉴 평가	**가격 결정(2)**
	- 평가 체크리스트 작성 - 메뉴 시연 및 평가 (다양한 고객층 확보)	원가 계산
	메뉴수정 · 보완	**판매가 결정**
	- 전문가 의견 및 메뉴 시연 - 결과 반영	- 원가×배+입지상권 고객특성 적용 - BEP 분석 및 적용
	메뉴 결정	
	- 최종 레시피 정리 - 아이템별 식재료 스펙 정리	

메뉴기획 전에 미리 살펴야 할 것은, 조리가 가능한 상황인지를 파악하는 과정이다. 식자재의 구입 채널부터 활용 가능한 인력의 역량, 조리기구를 세팅할 수 있는 비용의 확보, 주방의 동선 등을 고려한다.

그리고 메뉴기획안 수립 검토 과정을 통해 메뉴 개발 및 평가 · 수정 과정을 거쳐 최종 메뉴를 결정한다. 메뉴가 결정되면, 구입 가능한 식재료의 원가를 확인하고 레시피를 구성하는 중량을 기반으로 원가를 계산한다. 판매가를 결정하는 방법은 가격 전략에서 다시 한 번 살피도록 하겠다.

5) 메뉴의 적합성 평가

(1) 소비기호(연령별, 직업별)

메뉴의 적합성을 평가하는 단계에서 연령, 직업별 평가요소에 해당되는 검토 사항은 다음의 12가지가 있다.

❶ 타깃 연령대가 좋아하는 음식인가?
❷ 음식이 깔끔하고 정갈한가?
❸ 타깃 경제력의 수준에 적합한가?
❹ 계절 메뉴나 계절 식재료를 사용할 수 있는가?
❺ 건강식, 다이어트식, 기능식인가?
❻ 맛 유지와 양은 적절한가?
❼ 메뉴 가격대는 어떤가?
❽ 어린이용 메뉴와 디저트는 준비되어 있는가?
❾ 가족 고객이 좋아하는가? 또는 가족 고객이 내점하는가?
❿ 단순 식사로 적합한가?
⓫ 메뉴북은 깨끗하고 설명이 충분한가?
⓬ 행사메뉴(모임, 회식, 기타)로 적합한가?

(2) 점포, 입지, 시장

점포, 입지, 시장에 따라 메뉴 선정 시 살펴야 하는 항목은 매우 많다. 주변 시장의 가격대부터 유동인구, 주차시설 여부까지 세세히 살피는 과정이 필요하다. 세부적으로 살펴보면 아래와 같다.

❶ 주변 시장의 가격대는 얼마인가?
❷ 주변에 혐오 시설은 없는가?
❸ 점포의 접근성은 편리한가?
❹ 점포의 가시성(홍보성)은 좋은가?

❺ 상권 내 메뉴에 대한 시장수요는 충분한가?
❻ 점포의 입지는 적합한가?
❼ 메뉴 판매에 적합한 건축물인가?
❽ 점포의 규모는 메뉴 판매에 적합한가?
❾ 주변 상권의 경쟁상태는 양호한가?
❿ 상권 내 고객들의 외식 성향은 어떠한가?
⓫ 성장 가능한 입지인가?
⓬ 집객시설이 있는가?
⓭ 유동인구는 얼마나 되는가?
⓮ 유동차량은 얼마나 되는가?
⓯ 점포 주변에 주차시설은 되어 있는가?

(3) 경영 효율(경영관리/계수관리)

효율적인 매장관리에 적합한 메뉴를 선정해야 한다. 낮은 객단가의 메뉴로 충분히 테이블 회전율을 높이지 못했을 때는 높은 매출을 발생시킬 수 없을 뿐만 아니라 인력의 사용도 상대적으로 높게 구성될 수밖에 없기 때문에 효율성이 매우 낮게 나타나게 된다. 점포 경영주의 역량, 주변 환경의 이용 정도, 고객의 특성을 충분히 반영하여 효율적인 메뉴를 구성하는 것이 필요하다.

❶ 매출 이익은 얼마인가?
❷ 테이블 회전율은 양호한가?
❸ 객단가는?
❹ 메뉴관리는 용이한가?
❺ 서비스의 난이도는 수행하기에 적합한가?
❻ 점포관리는 가능한가?
❼ 경영주의 메뉴 이해도는 어느 정도인가?

❽ 구매의 난이도는 어떠한가?

❾ 종업원의 채용은 용이한가?

(4) 식사 형태

시장조사 및 분석을 통해 주변 상권이 조식, 중식, 석식, 야식 중 어느 시장에 집중해야 할 것인지를 정확히 판단해야 한다.

❶ 조식에 적합한 메뉴인가?

❷ 중식 비율은 어느 정도인가?

❸ 간식 형태의 메뉴인가?

❹ 석식 비율은 어느 정도인가?

❺ 야식에 적합한 메뉴인가?

(5) 판매 방식

매장의 판매방식별 매출 비율은 레이아웃 구성 또는 인력배치와 활용에도 큰 영향을 주게 된다. 내점, 배달, 포장, 홀 영업의 매출 비율을 고려하여 메뉴를 선정한다.

❶ 내점 판매의 비율은 어느 정도인가?

❷ 배달 판매의 비율은 어느 정도인가?

❸ 포장판매에 적합한가?

❹ 복합판매 가능성이 있는가?

2. Price(가격) 전략

1) 가격의 결정

기업의 목적은 이윤을 추구하는 데 있다. 제품을 판매하는 가격이 높을수록 회사의 수입 또한 높아지는 것이 사실이지만, 가격이 올라가면, 상대적으로 구매자는 줄어들게 되어 판매량이 감소하면서 매출이 낮아지게 된다. 소비자의 입장에서 보면 가격은 제품을 획득 또는 사용하면서 얻게 되는 가치에 대해 지불하는 대가라고 정의할 수 있다. 가격은 제품의 교환 가치로 볼 수 있으며, 특정 제품을 구매함으로써 얻게 되는 효용에 부여된 가치라고 할 수 있다. 따라서 가격은 소비자의 입장과 판매자의 입장에서 상호 만족할 수 있는 적정가격을 찾는 것이 가장 중요하다.

메뉴의 판매가격을 결정하는 방법은 크게 3가지로 나뉜다.

첫째, 제품의 원가에 일정한 이익률을 고려하여 시장가격을 결정하는 원가 가산가격 결정법이다. 이 방법은 제품의 원가와 이익률만을 이용하여 가격을 결정하기 때문에 내부 자료만으로 가격을 산출할 수 있다는 장점이 있으나, 시장의 수요상황, 경쟁사의 가격 등을 고려하지 않는다는 한계가 있다. 경쟁이 치열하지 않을 경우 활용되는 가격 결정법이다.

둘째, 예상 판매량 하에서 매출액과 총비용이 일치하여 순이익이 0이 되도록 산정하는 손익분기 가격 결정법으로, 단위당 가격은 단위당 총비용과 동일하다. 손익분기 가격 결정법을 사용하면 시장에 형성되는 가격수준이 낮아지기 때문에 일반적으로 경쟁에서 우위를 점해 시장지배력을 높이기 위한 일시적인 전략으로 활용한다. 이후 시장지배력이 높아지게 되면 이익을 창출하기 위해 가격전략을 수정한다.

셋째, 제품에 대하여 초기에 투자된 자본에 목표수익을 더해 판매 가격을 설정하는 방식을 목표수익 기준 가격 결정법이라고 한다. 이러한 가격 산정방식은 계산이 쉽다는 장점이 있으나, 예상 판매량에 따라 가격이 크게 달라지며 해당 재화나 서비스에 대한 가격 탄력성과 경쟁사의 가격 전략을 고려하지 못한다는 단점이 있다.

2) 가격의 중요성

가격은 경쟁에 매우 민감한 특성을 가지고 있는 요소로 기업의 입장에서는 가격 변화에 따른 매출 변화가 즉각적인 효과로 나타난다. 따라서 가격은 가장 강력한 경쟁 도구로의 사용이 가능하지만 경쟁 기업의 즉각적인 모방이 가능하다는 단점을 가지고 있기도 하다.

만약 경쟁사가 자사와 동일한 가격 정책을 진행한다면, 기획 단계에서의 목표를 달성하기 어렵고 수익에도 좋지 않은 영향을 주게 된다.

외식의 경우, 가격을 차별화하는 전략을 통해 매출을 높이려는 시도를 자주 보이는데, 시간대별로 차별화된 가격을 제시하거나, 특정일에 주문 유도를 위해 할인 행사를 진행하는 등의 저가 정책도 함께 진행하기도 한다.

이러한 유동적인 가격 변화가 민감하게 적용하여 매장의 매출에 큰 영향을 준다.

3) 가격 결정 절차

(1) 레시피 정리

레시피는 음식의 조리법을 뜻하는 용어로, 메뉴에 들어가는 식재료의 종류와 함량을 기록하는 것을 말한다. 음식점 창업을 준비하는 단계에서는 대부분 메뉴에 대한 노하우는 어떠한 형태로든 갖고 시작하게 되어 있다. 요리를 하지 못하는 경우에도 맛집에서의 전수 창업, 프랜차이즈 가맹점으로 시작하는 창업 단계를 거치기 때문에 레시피를 정리하는 단계는 반드시 필요하다.

❶ 메뉴 선정단계 – 타깃 고객에 적합한 메뉴를 선정한다.

❷ 타깃 고객이 선호하는 "맛"을 개발한다. 맛을 개발하는 단계에서는 창업을 준비하는 경영주의 역량에 따라 직접개발 또는 전수 창업이나 프랜차이즈 본부를 선택하는 과정이 필요하다.

❸ 개발된 "맛"에 포함되는 식재료의 함량을 기록한다. 조리 분량에 따라 영업의 효율성이 달라질 수 있으니, 가장 많이 만들게 되는 양(조리 준비량)을 기준으로 함량을 기록한다.

❹ 계량 도구를 선정하여 조리 시 식재료의 함량 조정이 용이하게 한다.

❺ 조리방법을 기록한다.(불의 세기, 조리 시간, 기타 스킬을 표기한다)

❻ 식재료의 구입 단가를 기록한다.(함량에 따른 단가를 기록한다)

❼ 메뉴 제조 시 이상적인 사용량을 확인할 수 있도록 원가의 합을 판매가로 나눈 금액을 표기한다.

> 레시피를 정리하는 것은 가격을 결정하는 단계에서 원가율을 확인하는 과정이기도 하지만, 실제로 영업을 하는 단계에서도 절대적으로 필요한 업무이다.

잘 기획된 맛으로 시작한 매장들이 어느 정도의 시간이 흘렀을 때 처음과는 다른 맛을 구현하고 있다는 것은 매장 운영에 치명적인 타격을 줄 수 있는 요인이 될 수 있다. 맛이 틀어지는 이유는, 조리사의 교체 및 조리사의 주관적인 판단으로 내용물을 변경한다거나 식재의 변경(저렴한 식재 사용), 식재 관리의 소홀(신선도 관리), 교육 부족, 경영주의 의도 등 여러 가지 가능성이 있다.

하지만, 정확하게 레시피를 정리해 놓고, 레시피에 근거해서 조리를 한다면 처음의 맛을 계속 유지하는 데 큰 도움이 될 수 있다.

레시피에는 단순히 메뉴에 포함되는 식재의 종류와 함량, 조리 방법뿐만 아니라 사용되는 식재의 업체명, 제품명까지 정확하게 기록해 놓는 것이 필요하다.

잘 정리해 놓은 레시피는 메뉴의 '맛'을 유지할 뿐 아니라 원가관리에도 큰 도움을 줄 수 있다. 원가관리란 사용량을 줄여 이익을 남기는 것이 아니라, 정량을 사용하여 동일한 맛과 품질을 유지한다는 것이 핵심이기 때문이다.

바꾸어 말하면, 원가는 낮아야 좋은 것이 아니다. 물론 높으면 더욱 좋지 않다. 결국 일정하지 않은 것이 문제가 있다는 결론이 나온다. 원가관리는 레시피에 표기된 표준 함량 대비 실제 사용량에서 발생하는 차이를 찾아 개선해나가는 과정이라고 이야기할 수 있다.

그렇다면, 이제 원가 계산을 어떻게 하는지에 대해 살펴보도록 하겠다.

(2) 원가 계산

레시피를 정리하고 나면 메뉴에 포함되는 식재의 이상적 원가를 확인할 수 있게 된다.

이상적 원가

레시피에 근거하여 제조하였을 때 가식 부율을 고려한 기획 원가

❶ 입고가

이상적 사용량을 계산할 때는 실제 입고가를 기준으로 작성한다. 기획 단계에서는 연간 평균 입고가로 메뉴의 원가를 계산하는 것이 좋지만, 실제 원가를 계산하는 단계에서는 실제 입고가로 판단한다.

입고가가 갑작스럽게 큰 폭으로 변동되는 경우, 메뉴의 본질에 벗어나지 않는 범위에서 사용 식재를 전환하는 방법을 찾아야 한다. 하지만, 일시적인 상황일 경우가 많을 것이므로 '맛'과 '원가' 사이에서 고민하게 되는 상황이 발생한다면, '맛'의 유지를 선택하기를 바란다. 계속 강조하지만, 핵심은 '맛'의 유지이다.

❷ 가식 부율

폐기하는 부분을 제외하고 실제로 먹을 수 있는 부분의 비율을 말한다. 예를 들면, 채소의 경우는 껍질과 사용하지 않는 부분을 제거하는 과정이 있다.

구입할 때는 1kg의 가격을 지불했지만, 실제 조리에 사용되는 부분은 700g이라면 300g의 차이는 어떻게 계산해야 하나? 잘 만들어진 레시피라면 기획 단계에서 g당 단가를 산정할 때 반영되었을 것이다. 가식 부율이 반영된 레시피와 실제 원가의 차이가 발생한다면 무엇이 문제인지 살펴보아야 한다.

가식 부율을 계산할 때 버려지는 부분에 대한 중량이 합리적으로 계산되었다면 실제 원가와의 차이가 발생했을 경우 기획 단계의 가식 부율보다 더 많거나 적은 양이 폐기되고 있다는 것을 짐작할 수 있다. 따라서 실제로 폐기되고 있는 양을 확인하는 과정이 필요하다.

폐기량을 조사할 때는 음식물 쓰레기를 직접 확인하며 과다하게 버려진 부분이 없는지, 과다하게 버려졌다면 그 이유가 무엇인지를 확인해야 한다. 결과에 따라 근무자에게 식자재 전처리 과정을 재교육하는 방법과 신선도 관리를 위한 발주량 조정 등의 개선 방향을 찾아 적용하면 된다.

❸ 적정 주문량

매장을 운영하면서 적정량을 주문한다는 것은 어떤 기준으로 해야 하는 것인지 살펴보도록 하겠다.

적정 주문량이란 식재를 최상의 상태에서 사용하도록 관리 가능한 양을 주문하는 것을 말한다. 즉 매출을 예측하고, 보관 방법에 따라 메뉴를 조리할 때 최상의 상태로 유지될 수 있도록 식재의 수량을 조정하여 주문하는 것이다. 너무 적으면 해동되지 않은 고기를 사용하게 되고, 너무 많으면 상하거나 무른 식재를 사용하게 된다. 많아도, 적어도 문제가 발생하기 때문에 판매할 수 있는 적정량을 주문하는 것이 가장 중요하다.

적정 주문량을 계산하는 방법으로는 'Yield'의 개념을 적용해볼 수 있다.

Yield란 하나의 아이템이 하나의 단위당 발생시킬 수 있는 매출을 의미한다. 예를 들면, 5kg 단위(하나의 단위)로 구매할 수 있는 삼겹살(하나의 아이템)이 있다고 가정하자. 100만 원의 매출이 발생할 때 평균적으로 5kg짜리 삼겹살이 2개(10kg)가 소진되었다면 삼겹살의 Yield 값은 50만 원이 된다. 따라서 이 매장의 하루 예상 매출이 200만 원이라면 삼겹살은 총 4개가 준비되어 있어야 영업에 문제가 없다는 논리이다. 냉동 삼겹살이라면 해동 기간까지 염두 해서 판매량을 준비해 두어야 한다.

정확한 예상 매출이 가능하다면 정확한 양을 주문하는 것이 가능하겠지만, 특이사항 및 변수에 대비해서 통상적으로 필요수량의 20% 정도를 여유 있게 주문하는 것이 좋다.

[원가 계산 세부요약]

항목	세부내용
원가 계산	※ 주메뉴 원가 계산
	– 식재료 입고가 리스트 업
	– 가식 부율(폐기율) 분석
	– 주문 단위 및 입고 기간에 따른 적정 주문량 산출
	※ 부메뉴 원가 계산
	– 식재료 입고가 리스트 업
	– 가식 부율(폐기율) 분석
	– 주문 단위 및 입고 기간에 따른 적정 주문량 산출
판매가 결정	※ 판매가 결정
	– 원가*3배 + 입지상권 고객분석 = 적정 판매가 결정
	– BEP 분석, 적용

이렇듯 판매 가격은 레시피를 작성하고, 원가를 계산하는 방법을 통해 결정된다. 원가는 판매가의 33%를 초과하지 않는 범위에서 결정하는 것이 통상적이지만, 상권의 고객분석 결과에 따라 일부 조정될 수가 있다.

이처럼 복합적인 요소를 반영하여 메뉴의 가격을 책정하게 된다.

(3) 레시피 정리 및 원가 계산의 예시

재료명	투입량	원가
물	40L(kg)	100
콩나물	1kg	4,000
민물새우	400g	8,000
건표고	200g	1,980
베트남건고추	180g	2,000
명태머리	3~5개	2,500
대파	1단	4,000
무	1개	2,500
양파	2개	1,000
건다시마	1장	300
판매가	**원가**	**원가율**
-	26,380	-

표준 조리법

1. 분량의 재료를 모두 깨끗하게 씻어 손질하여 준비한다.(건표고, 베트남 건고추, 명태머리 제외)
2. 육수망 또는 육수통에 다시마를 제외한 모든 재료를 넣어 준비한다.
3. 육수통에 분량의 물을 넣고 육수망과 다시마를 넣어 불을 붙인다.
4. 육수가 끓기 시작하면서부터 약 10분 뒤에 다시마는 따로 건져낸다.
5. 육수를 약 1시간가량 중불에서 끓여준다.
6. 영업 중에는 육수를 따뜻하게 유지하며 사용하여 주고, 중간에 약간씩 물을 보충하여 사용할 수 있다.
7. 영업 후 남은 육수는 다 식은 후 냉장고에 보관하여 익일 이내에 모두 소진하도록 한다.

※ 주의사항 : 끓여 둔 육수는 2일 이상 사용하지 않도록 한다.

4) 가격 결정 전략의 종류

(1) 심리적 가격전략

최종 가격선정에 있어 가격에 대한 소비자의 지각을 반영하는 전략으로 소비자들이 제품의 품질을 판단할 수 있는 정보가 부족하거나 제품의 속성을 정확히 파악하기 어려운 경우에 가격을 품질의 지표로써 사용하게 하는 전략이다.

- **단수 가격전략** 화폐 단위를 한 단계 낮추는 가격으로 책정함으로써 실제보다 제품가격이 저렴한 것으로 인식시키는 방법을 말한다. (예 : 9,900원, 990원)
- **준거 가격전략** 소비자들이 어떤 제품을 구매하고자 할 때 자신이 심리적으로 적당하다고 생각하는 가격수준을 말한다. 준거 가격전략은 소비자 조사 결과를 바탕으로 적정가격을 책정한다.

(2) 초기 고가격 전략

신제품 출시와 같이 신제품이 지니고 있는 특수성을 바탕으로 소비자를 상대로 높은 가격을 설정하는 전략으로 특허에 의한 제품 보고, 경쟁사의 진입이 어려운 경우, 또는 대체품보다 신제품이 가지고 있는 가치가 현저히 높을 때 해당하는 전략으로 고가격이 고품질이라는 연상작용을 불러일으킬 수 있는 가격전략이다.

(3) 시장침투 가격전략

이른 시일 안에 매출 및 시장 점유율을 확대하기 위해 신제품 도입 초기에 가격을 낮게 설정하는 전략이다. 규모의 경제가 존재하거나 단위당 이익이 낮게 판매되더라도 대량판매를 통해 높은 총이익을 확보하고자 할 때 적절한 가격전략이다.

(4) 가격 차별화 전략

수요를 기초로 해서 최종가격을 지정하는 가격전략으로 다음과 같이 적용한다.

- 서로 다른 세분 시장에 대해 상이한 가격을 책정한다.(비탄력 시장 : 고가, 탄력 시장 : 저가)
- 소비자의 능력이나 협상력의 차이에 따라 가격을 책정한다.
- 제품 디자인이나 품질, 상표, 크기 등에 따라 상이한 가격을 책정한다.
- 서비스 산업에 있어서 고객이 집중되는 시간과 한가한 시간에 따라 서로 다른 가격을 책정한다.

3. Place(유통)

1) 입지전략

유통이란 상품 따위가 생산자에서 소비자, 수요자에 도달하기까지 여러 단계에서 교환되고 분배되는 활동을 말한다. 생산자는 식재를 공급해주는 업체와 메뉴를 제조하는 식당으로 보고, 소비자와 수요자는 일반적으로 메뉴를 구입하거나 매장을 방문한 고객을 의미한다. 따라서 외식에서의 유통전략은 곧, 입지전략이라고 할 수 있다. 입지의 선정은 가장 중요한 의사결정 중의 하나이며 좋은 입지는 성공적인 사업을 위해 절대적으로 필요하다.

하지만 환경이 변화함에 따라 입지의 전략도 다양하게 변화하고 있다. 예전에는 음식점은 당연히 1층에 위치해야 하고, 가급적이면 눈에 잘 띄는 곳에 있는 것이 무엇보다도 중요했다. 좋은 입지가 곧 높은 매출이라는 공식이 성립되었다. 하지만, 이제는 다른 추세로 변화하고 있다. 높은 임차료에 대한 부담이 1층에서 2층, 메인거리에서 B급 상권으로 매장의 위치를 변화시키고 있다.

(1) 고객유인에 대한 중요 수단으로서의 입지

고객이 점포에 직접 와서 거래가 이루어지는 소매업에서의 점포 입지는 사업의 성패를 좌우하는 가장 중요한 요인이다. 외식산업의 점포는 거리 · 교통 등의 면에서 고객과 가까워야 한다. 즉 점포가 고객으로부터 가까워야 한다는 말은 점포는 사람이 많이 사는 곳, 또는 사람이 많이 다니는 곳에 위치하여야 한다는 뜻이기도 하다. 고객 입장에서 쉽게 접근할 수 있고, 편하게 방문할 수 있는 입지가 유리하다.

(2) 경쟁에 대한 중요 수단으로서의 입지

외식사업의 경영자는 다른 사업체의 경영자와 경쟁하기 위하여 메뉴의 종류 · 가격, 점포의 분위기, 종업원의 서비스, 음식의 질, 광고 등에 있어서는 유사하거나 우월한 방법을 도입할 수 있으나 점포의 입지는 모방하기 어렵다. 같은 메뉴를 판매하는 점포라도 횡단 보도의 위치, 버스정류장의 위치, 메인 도로와 이면도로, 1층과 2층에 따라 고객의 입점 수는 크게 다른 결과를 나타낸다.

(3) 장기적인 영업점으로서의 입지선정

외식사업의 점포는 일단 결정되어 개점하게 되면 그곳에서 영업하는 동안 장기적으로 사업에 영향을 미친다. 또 사업을 그만두고 다른 곳으로 점포를 옮기는 경우에도 기존 고객들이 다시 찾아올 수 있으므로 점포의 입지는 사업에 장기적인 영향을 미치는 요인이다.

2) 배달

최근 배달시장이 급격히 성장함에 따라 많은 음식점에서 배달을 통한 매출 상승의 기회를 얻고자 노력하고 있다. 배달은 음식점이 고객께 메뉴를 판매하는 유통전략의 하나가 되었다.

한때, 배달시장을 주로 이끌던 업종은 피자 · 치킨 · 중국집으로 제한되어 있었으나, 현재는 한식 · 일식 · 양식 · 분식 · 카페 등 업종과 관계없이 모두 배달시장에 집중하고 있다. 그리고 그 추세는 더욱 빠른 속도로 확산되고 있는 상황이다. 기존에는 배달이 되지 않던 메뉴도 이제는 자연스럽게 배달 영업을 하고 있으며, 매출의 비중 또한 높아지고 있다. 외부 환경의 인프라가 가능해졌기 때문이기도 하다. 최근에는 배달앱을 통한 메뉴의 홍보가 가능해지고, 배달대행업체를 통해 일정수수료를 지급하면, 별도의 배달기사를 채용하지 않더라도 배달 서비스가 가능해졌다. 환경이 변화한 영향으로 배달시장은 더욱 활성화되고, 참여 업체도 증가하고 있다.

3) 기타 유통전략

소비자와의 접점 이전에 신선하고 저렴한 식자재를 유통받는 과정이 필요하다. 소비자에게 제공되는 최종의 제품을 구성하는 식재료는 결국 협력업체로부터 공급받아 제조 후에 고객에게 전달된다.

업체로부터의 유통 과정에 따라 최종제품의 가격이 다르게 결정되고, 고객의 만족도에 따른 매출의 크기도 달라진다. 곧 매장의 최종 수익을 결정하는 중요한 역할을 한다.

식재료 거래업체 경쟁입찰

매장 식재료 거래업체 경쟁입찰 시, 판매하는 메뉴의 레시피에 따른 필요 품목 리스트를 만들고 이를 식재료 거래업체 측에 전달하여 납품 단가 List를 받는다. 이 단가 List를 비교하여 가장 적합한 업체를 선택하면 된다. 식재료 거래업체 경쟁입찰 시 가격 이외에도 다음과 같은 항목을 고려할 필요가 있다.

1. 매장과의 거리

동일한 조건이라면, 식재료 거래업체와 매장과의 거리는 가까울수록 유리하다. 유통에 드는 비용, 유통 과정에서의 식자재 신선도 관리, 긴급상황에 대한 대처, 반품 및 발주 용이 등이 원거리에 위치할 때보다 원활하게 진행될 수 있다.

2. 발주 시스템 (발주 방식, 납품 일자, 납품 방법 등)

식재료 거래업체의 규모에 따라 발주 시스템이 차이가 발생하는 경우가 많다.

- **발주 방식** PC, 모바일, 유선, 문자 형태로 가능하나 일반적으로 시스템이 잘 갖춰진 업체는 PC와 모바일 정도가 가능하다. 발주 방법에 따라 발주가 가능한 시간도 정해져 있는 경우가 많으니, 매장 근무시간과 스케줄이 발주 시간제한 내에 가능한지도 검토해야 한다.
- **납품 일자** 발주일과 납품일에 대한 일정을 확인해야 한다. 1주일 중에 발주가 가능한 날짜와 발주 후 납품되는 날짜를 확인한다. 매장의 입장에서는 매일 발주, 매일 납품이 운영에는 가장 큰 도움이 되나, 공급 단가에도 영향을 줄 수 있는 내용이니 적절한 조율이 필요하다.
- **납품 방법** 업체에서 직접 배송해주는 시스템이 가장 좋다. 하지만 물품의 공급 수량 및 품목의 종류에 따라 택배로 배송되거나 퀵으로 배송되는 경우도 있다. 납품 방법에 따라 원가에 미칠 수 있는 영향이 다르니 참고해서 결정한다.

3. 결제 방법

결제는 월 결제, 주 결제, 발주 시마다 결제하는 방법이 있다. 그리고 결제 방법은 카드가 가능한 경우와 현금 입금만 가능한 경우도 있다. 규모가 큰 식재료 거래업체일수록 결제의 주기 및 방법에 대해 다양한 선택이 가능한 것이 일반적이다.

4. 긴급 발주 시 대처 속도

매장을 운영하다 보면, 예상하지 못한 단체라던지 기기의 고장으로 인한 폐기량 발생, 발주오류 등의 문제로 식재료를 급하게 충당해야 하는 경우가 종종 발생한다.

물론, 장기적인 측면에서 옳은 현상은 아니지만, 불가피하게 발생했을 경우를 대비할 필요도 있다. 따라서 식재료 업체를 선정할 때에는 매장의 긴급상황에 적극적으로 대처해줄 수 있는 업체를 선정할 필요가 있다.

식재료 거래업체의 종류

주류업체	음료업체
곡물 도매상	육류 도매상 / 수입육 업체
채소류 도매상	해산물 도매상
기타 시즈닝류 및 양념류 거래처	공산품

4. Promotion(마케팅/홍보)

1) 마케팅(판촉)의 기본방향

판매 촉진은 소비자와 커뮤니케이션을 하기 위해 사용하는 수단들인 광고, 판매 촉진, 인적 판매, 홍보 등이 마케팅믹스 전략의 수단으로 작용한다.

최근에는 외부 환경의 변화로 이전에는 경험하지 못했던 다양한 새로운 마케팅 전략들을 기업들이 구사하고 있으며, 이러한 경향은 앞으로 더욱 증가할 것으로 예측한다.

10~20년 전까지 외식업 마케팅 활동은 정해진 방향이 있었다. 당시의 경쟁환경에서 살아남기 위해 개업 매장에서는 전단을 제작하고 직접 배포하거나 신문 삽지를 통해 더욱 많은 사람에게 알리는 작업을 우선 실시했다. 그리고 현수막을 부착하고 사은품을 제작해 오픈을 알리거나, 도우미를 활용한 시끌벅적한 오픈 이벤트를 실시하는 것이 당연한 수순이었다.

하지만, 현재는 오프라인 신문 구독률이 낮아지고, 주요 타깃인 20대~50대까지 온라인으로 소식을 접하는 환경으로 전환되면서, 마케팅의 방법 또한 많은 변화가 필요해졌다. 한 가지 중요한 부분은 대부분의 마케팅은 그 효과를 정확히 숫자로 환산하기 어렵다는 것이다. 대략적인 추세를 짐작할 수는 있지만, 마케팅이란, 복합적인 요인이 어우러져 효과를 발생시키는 것이기 때문에 브랜드를 노출시킨다는 입장에서 과거의 방법이 무조건 배제되어서는 안 된다는 것이다. 판촉은 다양한 방법으로 지속되었을 경우, 그 효과가 가장 크다. 다만, 제한적인 오픈 홍보 비용을 얼마나 적절하게 배분하여 타깃 고객에 효과가 높은 우선순위로 진행해야 하는지 충분한 검토가 필요할 뿐이다.

마케팅은 고객과의 소통이다. 조금이라도 브랜드를 노출할 수 있는 기회가 있다면, 비용이 허락하는 한 가능한 범위에서 적극적으로 시도해 보는 것이 좋다.

마케팅의 기본방향

❶ 마케팅에 비용을 투자하면, 일정 수준 이상의 매출을 향상시켜야 된다는 생각을 많이 한다. 하지만, 안타깝게도 대부분의 마케팅은 당장 효과를 보기 어려운 것이 사실이다. 불특정 다수인 잠재 고객에게 우리 점포에 대해 알리는 과정을 통해 유효한 고객으로 전환시킬 수 있는 기회를 만들겠다는 생각은 장기적이고 투자적 개념으로 인식해야 성공할 수 있다.

❷ 마케팅을 하면 무조건 매출이 크게 신장될 것이라는 기대를 했는데 생각만큼 안 된다고 인상이 밝지 않은 경영주가 많다. 이때 경영주는 실망하지 말고, 오신 고객들에게 세심한 배려와 친절한 서비스를 제공해야 한다. 그렇게 한다면 만족한 그 고객들은 어느 순간 우리의 단골고객이 되어 있을 것이다.
마케팅을 진행하면서 꼭 필요한 것이 마케팅 진행 과정, 방법, 실시상의 문제점, 고객의 반응을 반드시 체크하여, 종료 후 종합적인 검토를 하여 다음 마케팅 시에 보완이나 참고자료로 활용한다면 많은 도움이 될 수 있다.

❸ 마케팅은 지속성이 필요하다. 따라서 연간, 분기별, 월별로 프로그램을 만들어 계획적으로 진행되어야 하는데 일반 식당들은 오픈 시에만 하고, 그 후에는 하지 않는 대부분이다. 잠재 고객들에게 우리 점포를 이용할 수 있는 기회 제공을 위하여 개점 100일, 각 계절 맞이, 가정의 달, 개업 1주년 등 이벤트 관련 마케팅 기획을 끊임없이 하여 촉진해 나가야 할 것이다. 오픈 시 진행했던 여러 가지 마케팅 소품들이 먼지 쌓인 상태로 방치되는 점포들이 있는데 이러한 관리는 고객에게 나쁜 이미지로 전파되어 매출의 하락 요인으로 작용할 수 있다.

2) 마케팅(판촉) 과정

마케팅을 기획하고 효과적으로 추진하기 위해서는 내부 소통이 반드시 필요하다. 경영주 혼자 기획하고 프로모션을 진행할 경우, 직원들은 고객에게 올바른 응대를 할수 없다. 오히려 고객에게는 신뢰할 수 없는 매장의 이미지를 전달해주고, 매장의 가치를 떨어뜨리는 결과로 이어질 수 있다.

프로모션은 가급적 직원들과 함께 상의해서 결정하고, 최종 결정된 프로모션은 세부적인 진행 사항을 모든 근무자가 확인할 수 있도록 게시하여 모든 준비가 마무리된 상태에서 진행해야 한다. 그래야 올바른 고객 응대가 가능해지고, 프로모션을 적극적으로 홍보하여 효과를 최대화할 수 있다.

마케팅 과정

❶ 마케팅 기획 시에는 기획행사의 명칭, 문장화된 기획서로 명문화하여 내용을 전 종업원들이 직접 볼 수 있게 게시하고, 기획한 내용은 확실히 주지시켜, 이에 따른 영업 콘셉트와 일치 여부, 누구를 타깃으로 하여 실시하는 행사인지 그 대상을 명확하게 알고, 언제부터 실시해서 언제까지 하는가 하는 행사 기간 설정, 기

획내용을 상세하게 결정(고객의 메리트, 고지방법 등)하고, 예산계획 수립 등을 기획해야 한다.

❷ 기획 입안된 내용을 종업원들에게 철저하게 주지시켜야 하는데 특히 행사의 목적, 타깃 고객, 행사 기간, 마케팅 방법, 책임자 등(마케팅을 기획하고 결정, 실행하는 데 있어 가능하면 종업원들의 의견을 최대한 반영시키면 자발적이고 솔선수범을 유도할 수 있어 더욱 효과적)을 알려주어야 참가의식이 높아져 성공을 할 수 있다.

❸ 마케팅을 위한 현장 준비단계로 접객용어 및 서비스 재교육, 주방의 준비 점검과 조리 교육, POS 키 준비, 마케팅 관련 메뉴를 홀 직원들도 충분히 시식할 기회를 주어 권유 판매를 할 수 있는 여건을 마련해 주어야 한다. 이러한 준비가 이루어지지 않는다면, 고객 문의에 올바르게 응대할 수 없고 이벤트를 이용하려는 고객에게 불편한 상황을 만들어 줄 수 있다. 마케팅은 고객을 유인하여 매장을 경험하게 하고, 만족스러운 식사시간을 통해 재방문이 가능한 상태로 만들어 놓기 위한 일련의 과정임을 잊지 말아야 한다.

❹ 고객들에게 프로모션에 대해 홍보하기 위해 오프라인으로는 포스터, 전단 배포, 현수막 부착, Y-Banner, 온라인으로는 블로그, 인스타그램, 페이스북, 홈페이지 등을 적극적으로 활용해야 한다. 마케팅은 가능한 다양한 채널로, 많이 노출할수록 그 효과가 큼에는 틀림이 없다. 목적에 따라 예산을 책정하여 적극적인 홍보를 실시한다.

❺ 미리 계획하지 않고 마케팅 행사를 진행할 때에는 인원 부족, 서비스의 익숙하지 않은 실행, 업무의 증가, 동선의 흐트러짐 등으로 고객 응대가 원활하지 않아 클레임이 발생하는 등 고객 불만이 많아질 수 있으므로 특별히 신경을 써야 한다.

❻ 마케팅의 결과를 계수 자료(매출액, 내점객 수, 고객층, 행사메뉴 판매 수량 등)나 앙케트, 현장의 목소리 등을 이용 분석하고 행사 시 고객카드나 명함 함을 비치하여 할인이나 기념품을 주어 그 리스트를 다음 판촉 때 참고자료로 활용할 수 있도록 반드시 피드백해야 한다.

3) 마케팅(판촉)의 종류

마케팅에는 여러 가지 방법이 있으나 대부분 타 점포에서 실시한 것을 흉내를 내거나 경쟁점이 하니까, 아니면 과시형(멋으로)으로 하는 경우가 많은데 이제부터는 자기 점포의 실정을 잘 분석하여 자기 식당을 최대한 알릴 수 있는 개성이 있는 마케팅을 진행해야 한다.

마케팅은 온라인과 오프라인으로 크게 구분할 수 있으며, 오프라인 마케팅의 일반적인 종류를 먼저 설명해보도록 하겠다.

(1) 전단 제작 배포

전단 배포는 미디어를 접하는 환경의 변화로 다소 지양되고 있는 방법이지만, 아직도 그 효력을 나타내는 효과적인 방법의 하나이다.

❶ 신문 전단 삽지

온라인이 활성화되기 전까지만 해도 신문 전단 삽지 배포는 단시간에 광범위한 고객을 대상으로 마케팅 활동을 하기에 가장 좋은 수단이었다. 하지만, 이제 대부분의 고객이 오프라인 신문을 구독하는 경우보다는, 모바일로 정보를 얻는 것이 일반적인 시대가 되었다. 그만큼 오프라인 신문을 구독하는 고객이 줄어들었기 때문에 그 효과 또한 줄어들 수밖에 없는 상황으로 전개되고 있다. 하지만, 효과가 줄어들어 진행하지 않는 것이 정답일까? 오히려 신문전단을 통해 광고하는 업체가 감소하였으므로 오프라인으로 신문을 구독하는 고객에게는 전달률이 높아질 수도 있다.

신문을 구독하는 고객의 연령층이 다소 높다는 점을 참고하여 진행한다면 기대 이상의 효과를 볼 수 있다. 모든 마케팅은 목적에 따라 다양한 방법으로 시행된다. SNS가 타겟 마케팅을 독점하고 있지만, 상황에 따라 신문 전단도 진행하는 것을 검토해보기 바란다.

참고로 신문 전단 배포가 활발하던 시절의 쿠폰 회수율은 약 0.1%(1,000매 배포 시 1건 회수)였다. 하지만 배포 단가가 15원~20원이고, 1건 발생시키는 데 발생하는 비용이 20,000원 이하라면, 단기간 광범위 홍보에 사용할 만한 마케팅 방법이다.

❷ 직접 배포(근무자 또는 경영주)

효과가 가장 높은 전단 배포방법이다. 특히 음식 배달을 시행하고 있는 업체라면, 반드시 진행해야 하는 전단 배포방법이다. 아무리 온라인으로 광고가 집중되고 있지만, 고객들은 오프라인 활동을 여전히 병행하고 있다. 집 앞에 부착된 전단 (자석 전단의 효과가 더 좋다)가 있다면, 그냥 지나칠 수는 없을 것이다. 버리기 위해서라도 띄어서 집에 들어가게 된다. 버리려고 했지만 돌아다니던 전단이 어느 순간 고객에게 먹고 싶은 욕망을 준다면 추가 매출로 이어지게 되는 것이다.

직접 배포 시 배포비용은 인건비로 판단하면 된다. 또한 회수율은 0.5% 이상까지 발생할 수 있는 효과가 높은 마케팅 방법임을 잊지 말자. 직접 배포에서 가장 중요한 것은 지속성이다. 하루도 거르지 않고 100~300부씩을 꾸준히 배포한다면, 어느새 성공 매장으로 성장해 있을 것이다. 하지만, 배포를 게을리한다면 효과는 장담할 수 없다.

❸ 업체를 통한 직접 배포

몇 가지 주의한다면, 배포의 효과를 높일 수 있다. 보통 업체는 한번 배포 시 2,000부~5,000부를 배포 최소 수량으로 이야기한다. 일용직을 채용해서 배포해야 하기 때문이다. 그리고 여러 명이 한 번에 배포하기 때문에 업체에서도 배포하는 인력을 통제하지 못하는 경우가 자주 발생하게 된다.

잘만 뿌려진다면 업체가 평소 배포하기 어려운 아파트까지 배포해줄 수도 있지만 돈만 주고 맡겨 놓는다면 효과는 낮아질 수 있다는 점을 기억해야 한다. 안타깝게도 장당 50원~70원씩 배포비용이 발생하는 업체 고용 직접 배포는 지속성을 유지하기가 어렵다. 한번 많은 양을 배포하면, 수거되어 버려지는 양도 그만큼 많아질 것이고 회수되는 수량 또한 줄어들 수밖에 없다. 이 점을 기억하여 필요할 때를 판단해 이용한다면 좋은 효과를 볼 수 있는 마케팅 중의 하나이다.

❹ 핸드빌

지나가는 사람들에게 전단을 나누어주는 것을 핸드빌이라고 한다. 회수율은 1%로 전단을 활용해서 배포하는 마케팅 중에 가장 효과가 높다. 하지만, 소요되는 시간은 가장 많다는 점이 단점이다. 더욱이 통행량이 적은 상권에 위치한 매장이라면 진행이 어려울 수 있다. 따라서 핸드빌은 게릴라 형식으로 배포하는 것이 좋다. 예상보다 매출이 저조한데 인력이 여유 있다면 즉시 시행해라.

장사가 안된다고 약속한 직원 근무시간을 줄여 비용을 절감하는 것은 좋지 않은 방법이다. 오히려 그 인력을 마케팅에 활용한다면, 사용한 만큼 매출로 보상받을 수 있을 것이다.

전단을 포함해 마케팅의 목적 중 하나는 노출도를 높이는 것이다. 더욱더 많은 사람에게 브랜드를 노출할 수 있는 방법을 찾는 것이 가장 중요하다. 그렇다면 어떻게 하는 것이 브랜드 노출에 도움이 되는지 살펴보도록 하자.

- 전단은 간단명료하게 만화캐릭터나 의인화된 그림, 메뉴 사진 등으로 표현하고 자기 점포의 개성을 최대한 살려야 한다. 판촉 기획의 캐치프레이즈, 판촉의 내용 및 특전, 판촉 기간, 상호, 연회석, 배달 여부, 차량 운행 등의 기타 서비스 등을 잘 나타낼 경우 평균치 2배 이상 효과를 나타낼 수가 있으므로 신경을 써야 하며 이외에 약도, 전화번호, 주메뉴 등도 기재해야 한다.

- 제작 시 비용을 줄이려면 전단에 기재하고자 하는 기본 내용을 정리해서 인쇄사를 방문하여 시안작업을 의뢰하여 검토/교정 후 제작하면 20% 이상의 비용 절감을 할 수 있으나 큰 규모의 점포는 외식경영컨설팅 회사나, 광고기획사에 의뢰해서 제작하면 보다 효과적이다.

- 직접 배포 시는 단정한 몸가짐으로 전 종업원이 함께 참여하게 하여 가까운 곳부터 시작해서 1~2개월 정도는 꾸준하게 실시해야 하며, 가까운 사무실의 경우는 반드시 직접 방문해서 배포하는 것이 가장 효과적인데 가능하면 작은 판촉물이라도 있으면 더욱 효과적이다. 그런 다음 300m 이내 좀 떨어진 지역으로 확대 배포를 한다. 이때 개점 후 3개월 동안에는 월별로 10일 이상은 지속해서 전단 배포를 해야 한다. 참고로 신문 삽지 시에는 배포 지역을 명확하게 하고 특정 신문사에 1회 대량 배포보다는 신문사별로 특성이 있으므로 이를 고려해서 배포하면 더 효과적이다.

- 전단에 표시해라. 누가 배포했는지 가능하다면 어디에 배포했는지를 기록해야 한다. 배포한 사람을 확인할 수 있다면, 인센티브로 동기부여를 일으킬 수 있다.
  그로 인해 더욱 적극적으로 배포하게 되고, 회수된 쿠폰으로 발생한 인센티브는 기본급 외에 추가수입으로 생각할 수 있게 된다. 따라서 전단 쿠폰에 숫자로 배포자를 인지할 수 있도록 도장을 찍어서 배포하고, 회수된 쿠폰에 숫자가 표기되어 있다면, 배포자에게 포상한다.
  그리고 배포한 지역과 회수된 지역을 알 수 있다면, 지역별로 회수되는 수량을 인지할 수 있게 된다. 똑같은 수량을 배포해도 빌라 단지와 아파트, 상가의 회수율이 다르다. 어느 지역에 얼마를 배포했을 때 발생하는 매출을 예상할 수 있다면, 전단 배포를 통해 매장의 매출을 관리할 수 있는 전문가가 될 수 있다.

(2) 인터넷 광고

인터넷을 활용한 광고를 뜻하며, 기존의 매스미디어 광고보다 비용이 저렴하고, 내용 수정이 상대적으로 용이하며, 광고주와 소비자가 쌍방향 소통이 이루어진다는 장점이 있다. 그리고 인터넷 광고는 그 효과를 측정할 수 있어 목적에 적합한 마케팅 방향을 정할 수도 있다. 인터넷 광고는 인스타그램, 페이스북, 블로그, 유튜브 그리고 기타 광고로 구분할 수 있다.

❶ 인스타그램

인스타그램은 온라인 사진 공유 및 소셜 네트워킹 서비스이다. 사진 또는 동영상으로 파급력 있는 메시지를 전달할 수 있는 플랫폼이다. 인스타그램은 즉석에서 사진을 볼 수 있게 한 방식의 카메라인 '인스턴트'와 전보를 보낸다는 의미의 '텔레그램'을 합쳐서 만든 이름으로, 사진을 손쉽게 다른 사람에게 전송한다는 뜻을 가지고 있다. 2012년에 페이스북에 인수되었고, 2013년 말부터 광고 서비스가 실시되었다.

인스타그램 마케팅은 콘텐츠가 많이 필요한 마케팅이다. 주로 대행업체를 통해 계정을 운영하지만, 사실은 매장에서 자체적으로 운영하는 것이 콘텐츠 생산이나 스토리 전개에 유리한 것이 더 많다. 대부분의 경영주는 인스타그램을 운영하는 것에 큰 부담을 갖는 경우가 많지만, 아주 단순한 사진 게시부터 행사의 홍보까지 하나씩 직접 시행해보는 것이 필요하다. 인스타그램은 타깃 광고가 가능하고, 다른 SNS에 비해 게시가 간단하다는 장점이 있다. 따라서 매장 방문 고객들의 계정을 통해 자연스럽게 입소문을 낼 수 있는 방법을 찾는 것도 인스타그램 마케팅의 방법의 하나이다.

주로 SNS 계정 홍보의 대가로 할인 또는 서비스를 제공해 주는 형태가 일반적이다.

❷ 페이스북

페이스북 타임라인과 뉴스피드에는 자신이 올린 글뿐만 아니라 친구들의 동정이 실시간으로 게시된다. 페이스북에서는 자신과 친구로 맺어진 사람들의 반응과 정서, 감정을 '좋아요'와 답글을 통해 공유할 수 있다.

인터넷의 월드와이드웹이 웹 문서끼리 연결되는 하이퍼링크라면 페이스북의

타임라인과 뉴스피드는 사람들끼리 만드는 하이퍼링크다. 페이스북 이용자들은 서로의 감정과 생각, 정서를 실시간으로 하이퍼링크한다. 따라서 어떤 정서나 의견이 전달되는 속도가 매우 빠르고 그 전달 범위 또한 매우 넓다. 더욱이 페이스북은 사용자 수가 무려 22억을 넘어서는 마케팅 채널이다.

이러한 이유로 가장 유용하고, 파급력 있는 마케팅 도구로 사용된다. 최근에는 타깃 광고를 통한 홍보를 활발히 진행하고 있다. 지역별 선정이 가능하고, 연령층, 성별과 목적, 예산을 선택적으로 선정할 수 있기 때문에 홍보 목적에 따라 다양하게 이용할 수 있다.

페이스북과 인스타그램이 통합되면서 광고 또한 동시에 진행할 수 있게 되었다. 인스타그램의 등록 이미지를 페이스북에 함께 게시할 수도 있고, 광고도 함께 진행이 가능하다. 인스타그램은 10~20대, 페이스북은 30~50대로 주사용 연령이 다르다는 것도 페이스북, 인스타그램 광고 시 고려해야 할 사항이다.

❸ 블로그

웹(web) 로그(log)의 줄임말로, 1997년 미국에서 처음 등장하였다. 새로 올리는 글이 맨 위로 올라가는 일지 형식으로 되어있어 이런 이름이 붙었다. 일반인들이 자신의 관심사에 따라 일기 · 칼럼 · 기사 등을 자유롭게 올릴 수 있을 뿐 아니라, 개인 출판 · 개인 방송 · 커뮤니티까지 다양한 형태를 취하는 일종의 1인 미디어이다.

블로그 페이지만 있으면, 누구나 텍스트 또는 그래픽 방식을 이용해 자신의 의견이나 이야기를 올릴 수 있고, 디지털카메라를 이용해 사진 자료를 올릴 수 있는 새로운 개념의 미디어이다.

온라인상에서 자신의 경험을 블로그에 기록해 두면, 키워드를 검색한 인터넷 유저들이 블로그에 기록된 내용을 확인하고, 활용하게 된다. 음식점의 경우, 맛집에 대한 정보들이 블로그를 통해 공유되는 상황이 자주 발생하게 되므로 블로그 체험단, 블로그 기자단의 형태로 유료 광고를 진행하는 경우가 많다. 체험단과 기자단의 경우, 비용의 차이가 크게 발생하는 경우가 있고 업체마다 블로거 모집의 역량 또한 차이가 있으니, 조건을 세세히 살핀 후 업체를 선택하는 것이 중요하다.

❹ 유튜브

유튜브는 당신(You)과 브라운관(Tube, 텔레비전)이라는 단어의 합성어이다. 구글이 운영하는 동영상 공유 서비스로 사용자가 동영상을 업로드하고 시청하며 공유할 수 있도록 한다. 유튜브에 업로드하는 사용자의 대부분은 개인이지만, 방송국이나 비디오 호스팅 서비스들 또한 유튜브와 제휴하여 동영상을 업로드하고 있다. 최근 가장 많은 홍보 효과를 보이는 매체이기도 하다.

유튜브 광고는 유튜브 체험단을 통한 전파, 먹방 BJ를 통한 방송 광고 그리고 유료광고 등의 방법이 있다. 현실적으로 비용과 효과를 판단하여 효율적인 광고를 진행해야 한다. 유튜브의 콘텐츠는 많은 구독자를 보유한 유튜버를 통해 쉽게 전파된다.

여건이 된다면 매장에서 발생하고 있는 콘텐츠를 스토리로 구성하여 업로드하는 것이 홍보에 큰 도움이 될 수 있다. 하지만, 그만큼 소요되는 시간이 많으니 자칫 준비 없이 시작했다가는 주와 부가 바뀔 수 있다. 우리가 유튜브에 관심이 있는 것은 매장을 홍보하기 위함임을 잊지 말자.

❺ 기타

- **검색 광고** 검색 사이트에서 특정 검색어를 입력하면 결과 화면에 관련 업체의 광고가 노출되도록 하는 광고 기법이다. 키워드 광고라고도 하며, 키워드의 선호도에 따라 과금이 달라지는 형태이다.

- **배너 광고** 인터넷 사이트에서 특정 사이트나 웹사이트에 이름이나 내용을 부착해서 홍보하는 이미지 그래픽 광고를 말한다. 이미지나 동영상 파일을 이용해서 홈페이지로의 유입을 유도한다.

(3) 오프라인 광고

❶ DM(Direct Mail) 발송

우편을 통해 쿠폰 또는 정보지를 전달하는 형태의 마케팅을 DM 발송이라 한다. 예전에는 활발하게 진행되던 회수율이 높은 마케팅 방법 중 하나였지만 이제는 개인정보 보호법이 강화되면서 그 활용 빈도가 현격히 낮아진 상태이다. 하지만, 고객의 동의를 얻어서 진행한다면, 가장 높은 효과를 볼 수 있는 마케팅 방법 중의 하나이다.

신규 고객, 재주문 고객, 할인율에 따라 회수율이 다소 차이가 있지만 보통 3%~10%까지의 높은 회수율을 나타내는 마케팅 방법이다.

DM(Direct Mail)의 특성은 다음과 같다.

- 고객에 대한 직접 설득으로 제품 구매자와 친밀감을 조성한다.
- 기업과 고객 간의 1:1 커뮤니케이션으로 개인의 특성을 최대한 이용할 수 있다.
- 고객에 대한 구매 정보를 제품별, 회수별, 금액별, 시기별로 구분하여 고객 관리의 과학화를 꾀할 수 있다.

이때, 유효기간과 지역을 동서남북으로 나누어서 배포하면 회수율을 분석할 수가 있으며 내용은 점포의 개성을 명확하게 내세우며, 타이밍을 생각하고 또 성의를 보이기 위해 직접 작성하는 경우도 있으며 개업 시에는 전단지로 함께 사용할 수도 있다. 타깃 고객에 따라 할인율과 유효기간을 달리 작성해서 보내는 것이 좀 더 효율적인 결과를 얻을 수 있다.

DM을 보낸 후에 전화로 상품과 그 취지를 알리고 다시 DM을 발송하면 효과를 높일 수 있다.

❷ 현수막 부착

현수막은 고정된 장소에 게시하여 유동인구에게 이미지 또는 문구를 활용하여 홍보하는 방법이다. 지정된 게시판이나 매장 내/외부에 부착하는 형태와 불법으로 부착하는 형태로 구분한다.

매장 내 · 외부에 부착하는 형태의 현수막은, 개점예정일, 행사내용, 메뉴 등을 알리는 용도로 사용된다. 또한 구청 또는 시청에서 관리하는 현수막 지정 게시대에도 홍보하는 방법이 있다. 현수막 지정 게시대는 유효기간이 7~14일 정도이므로 이에 맞추어 최소 1개월 전에 부착하고자 하는 예정 게시대를 파악하여 그 관련 지역구청이나 지역광고협회를 방문하여 필요 일자를 사용 신고하여 그 기간에 신고필증을 현수막에 부착하고 게시대를 이용한다. 이때 소정의 수수료가 부가되며 현수막 제작 업체에 의뢰하면 간단하지만 설치 비용이 추가된다.

현수막 지정 게시대 사용을 신청하는 업체가 많은 관계로 사전에 게시대 자리를 확보해 두어야 한다. 지정된 곳이 아니면 옥외광고물 등 관리법상 위배되어 철거 또는 과태료가 부과되는 경우가 있어 주의를 해야 하며, 내용은 주메뉴 2~3개와 업종표시를, 그리고 개점예정일과 전화번호, 위치, 상호, 캐릭터, 이벤트 내용 등 현수막 내용에 들어가는데 상호는 가능하면 로고체를 사용하면 효과적이다.

현수막 제작 비용은 실사, 전사, 날염 등 재질이나 크기에 따라 차이가 나는데 첫 이미지인 만큼 눈에 잘 띄게 비용이 들더라도 차별화할 필요성이 있다.

❸ 무료시식회 개최

개업 2~4일 전에 시식회를 정상 영업 시와 똑같은 조건으로 시행하여 상품의 맛, 담기, 가격, 조리속도 등의 상품력과 서비스력을 검증받는데 시식회에는 지역 내 유지(오피니언 리더), 주변 모임 간부와 점포 주변의 상가들 중심으로 초청해 친목 유지를 해야 하며 이때 시식 초대권을 발행해서 직접 전달 또는 DM으로 보내면 된다.

이때, 구체적인 평가를 받을 수 있도록 시식한 메뉴에 대해서 예를 들면 맛있나, 없나가 아니라 '간은 (싱겁다, 짜다, 맵다, 달다. 등)', '양은 (많다, 적다,

적당하다)', '가격은 (3,500원, 4,000원, 5,000원 등)', '색감은', '향기는', '식기 등의 표현력은', '음식의 온도는' 등 구체적으로 앙케트를 만들어 냉정한 평가를 받아 참고자료로 활용해야 한다.

❹ 쿠폰(시식권)과 상품권

- 쿠폰(시식권)을 오픈 전에 배포하여 개업 당일에 타깃 고객이 점포를 이용하게 해야 하는데 매장의 홍보와 메뉴만을 홍보하게 되면 그 효과가 미비하므로 쿠폰(시식권)을 동봉해서 같이 보내면 회수율이 높아질 수 있다. 주의할 점은 특별한 고객에게만 보냈고 특별한 고객으로 모신다는 느낌이 들 수 있도록 해야 한다.

  쿠폰을 배포할 때는 매장의 운영상황을 감안해서 배포해야 하는데, 메뉴 수를 단순화하거나 한정해서 할인율을 적용한 쿠폰을 발송해야 한다. 쿠폰(시식권) 제작 시 디자인, 초청안내문, 종이의 질 등을 가능한 한 고급 재질과 겸손한 내용으로 만들어 고객이 갖고 다니다 필요시 사용할 수 있도록(지갑이나 수첩에 들어갈 수 있도록) 해야 하며, 개업 시는 유효기간을 30일 이내로 정하여 단기간에 재방문을 유도해야 한다.

- 상품권은 쿠폰(시식권)과 배포방법 등은 같지만 품목(메뉴)을 지정하지 않고 고객이 메뉴를 선택하는 것으로 고급형이며 제품 단가, 객단가형 점포에서 개점 시나 영업을 하면서 하는 판촉방법이다. 보통 5천 원권, 1만 원권, 2만 원권이 사용되고 있으며 백화점의 상품권과 같은 고급수준으로 제작이 필요하며 보통 1테이블에 1매만 사용할 수 있도록 제한하는 경우가 대부분인데 이는 메뉴나 점포의 품격에 맞게 신중한 검토를 해 볼 필요성이 있다. 최근에는 모바일 상품권을 배포하는 경우도 있다.

❺ CR(Community Relation) 활동

지역의 단체 즉 부녀회, 조기 축구회, 볼링클럽, 공공사회단체 등과 좀 더 좋은 관계를 유지하면서 지역의 일원으로서 공존 공생하고 있다는 마음으로 행하는 것이므로 지역사회에서 사랑받는 점포가 될 수 있도록 인사장이나 할인권, 쿠폰, 초대장 등을 가지고 사무실을 방문하도록 하는 방문판촉이 CR 활동의 하나이다. 대학 인근에 있는 점포의 경우 대학의 동아리나 학생회 등의 행사에 적극 지원하는 방법도 있으며, 점포 300~500m 이내에 있는 각종 모임, 사무실 등이 주 타깃이다.

⑥ POP 광고(Point of Purchase)

POP 광고는 '구매 시점 광고(Point of Purchase)'의 약자이다. 종업원 대신에 소비자들의 질문에 답해주는 형태를 띄고 있는 POP 광고는 제품에 대한 긍정적인 내용을 안내하여 주문을 유도하거나, 주문 수량을 묶음으로 판매하는 형태와 같이 할인해주는 성격의 내용 등 매장 내에서 구매 결정 및 충동 구매를 촉진시키고 분위기를 재고시키는 일련의 마케팅 활동이다.

POP 광고는 간판, 현수막, 배너, 행거, 모빌, 포스터, 스티커, 테이블 매트, 테이블 텐트, 와블러 등을 이용해 구매를 촉진하는 마케팅이다. 주로 추가 주문을 유도하여 객단가를 높이는 형태의 마케팅에 적합한 방법 중 하나이다. 신제품의 출시를 안내하거나, 화장실과 출입구의 안내, 상품의 가격표시, 광고상품 등을 알리는 용도로 사용하기에 적합하다.

- POP 광고물에 나타난 음식을 고객에게 권유하고 맛볼 수 있도록 하는 자세한 설명과 안내가 필요하다.
- POP 광고물 내용은 간결하고 색채는 3색 이내가 좋으며, 아라비아 숫자로 처리하여 판매를 적극 권유할 수 있는 내용이어야 한다.
- 점포 내 POP 광고물은 고객의 눈에 잘 띄는 곳에 부착해야 하며, 그림이나 사진 이용 시 주목율이 높고 효과가 크다.
- 가능한 한 계절에 어울리는 미각을 나타내든지 아니면 추석, 어린이날, 크

리스마스, 발렌타인데이, 어버이날 등 특별한 날에 어울리는 특별메뉴 판매에 활용하면 효과적이다.

- POP 광고물은 수시로 바꿔 주고 이에 따라 새로운 메뉴로 교체할 필요가 있다.

⑦ TV 광고

TV 광고에는 프로그램과 프로그램 사이에 하는 스폿(SPOT) 광고와 프로그램 시작 전과 종료 후에 하는 프로그램광고, 그리고 방송 중간에 10초가량 하는 ID 광고가 있다.

- **장점** 파급효과가 크고 프로그램의 고정 시청자에게 정기적인 접촉이 가능하며 제품을 보고 들을 수 있으므로 주목률과 친근감을 준다.
- **단점** 광고료와 제작비가 비싸며, 광고 표현의 규제와 효과측정이 어렵다.

TIP TV 광고의 제작형태

1. 35㎜ FILM

- 영화용 필름으로 제작
- 필름의 섬세한 표현을 살려서 제품의 이미지를 강조하는데 유리
- 전국 광고, 제품광고에 활용
- 제작비 : 약 2,500만 원 이상(모델비, 특수촬영비 별도)

2. â-CAM(VTR-CM)

- 방송국 디지털카메라로 제작
- 제작이 간편하고 비용이 저렴
- 편집 및 수정이 편리
- 지방 광고에 많이 활용
- 제작비 : 약 800~1,000만 원(모델비, 특수촬영비 별도)

3. Side-CM

- 연속된 슬라이드 활용으로 제작

- 비용이 저렴
- 제작비 : 약 400만 원

4. C.G(컴퓨터 그래픽)-CM

- 컴퓨터 그래픽을 이용하여 화면에 영상 혹은 문자, 심볼 등이 생기거나 움직이는 모습으로 표현
- Full C.G/부분 C.G(실사 중간중간 삽입)
- 최근 각 기업들의 광고비 삭감으로 인하여 많이 활용하는 제작형태
- 제작비 : 약 600만 원

⑧ 라디오 광고

- **장점** 시간과 장소의 제한이 없고 세분화된 광고 노출이 용이하며 광고 및 제작비가 저렴하고 청각에 어필하는 이미지 광고 시 효과가 좋다.
- **단점** 지속적인 반복이 되지 않으면 쉽게 잊어버리고 집중도가 떨어지며 정보 전달에 한계 및 프로그램시간에 따라 영향을 많이 받는다.

TIP 라디오 광고 제작형태

1. 일반형

- 성우 1인 혹은 2인 이상의 멘트로 시작
- 증언형식, 드라마 형식 등 다양한 표현의 아이디어로 구성
- 효과음, BGM 이미지 극대화
- 제작비 : 약 150~180만 원(특정 유명성우 제외)
- 기획료, 성우료, 녹음실 사용료, BGM 사용료, 효과음 사용료 포함.

2. CM-Song

- 음악 CM
- Full CM-Song으로 구분
- 장기적인 기업 이미지 및 인지도 제고에 유리
- 작곡료, 가수료 등으로 다소 제작비가 비쌈
- CM-Song 전문녹음실에서 녹음
- 제작비 : Full CM-Song : 약 400만 원, Logo-Song : 약 250만 원

최근에는 너무나도 다양한 형태의 마케팅 방안이 있다. 신규고객 창출, 재주문 고객의 주문 주기 단축, 주문 시 객단가 향상 전략 등 목적에 맞게 다양한 마케팅 및 판촉 방안을 찾아 적용한다면, 어느 순간 바빠서 정신이 없는 매장의 주인이 되어있을 것이다.

4) 상권별 마케팅 기획

(1) 번화가 및 상가 지역의 판촉 전략

번화가 및 상가 지역은 주변 상가의 근무자들과 사무실에 근무하는 사무직이 대부분의 고객층을 이루고 있다. 또한 오후 시간대와 휴일에는 번화가로 밀려드는 젊은 세대들도 주요 타겟 고객으로 분류할 수 있다.

이렇듯 크게 2종류의 고객층으로 분류할 수 있으며 사무직과 상가 근무자들은 지속적인 유대관계를 강화하는 CR 활동을 통해 유치하는 전략이 필요하다. 점심시간의 안정적인 매출을 형성하고 저녁 시간의 단체주문으로까지 연결될 수 있다면, 매장 매출에 큰 도움이 될 수 있다.

그 밖에도 상권 내에서 상호 마케팅 전략을 구사할 수도 있다. 관련성 있는 주변의 업체와 연계 이벤트를 진행하는 방법과 영수증 할인 행사를 진행하는 것도 브랜드를 알리고, 신규고객의 입점을 유도하는 데 도움이 된다.

주변에 위치한 경쟁업체들과 상호 경쟁하는 관계로만 머물지 말고, 서로 윈윈(Win-Win)할 수 있는 상생 관계를 만들어간다면, 상권이 더욱 활성화되고, 매출을 발생시키는 고객의 수가 증가하게 되므로 장기적으로 매출 활성화의 기초가 될 수 있다.

(2) 학원(대학)가 지역의 판촉 전략

대학가는 동아리나 동문회, 학생회의 활동이 시기별로 활발히 진행되기도 한다. 소극적인 단계에서는 찬조 요청을 받아주는 경우로 제한될 수 있으나, 오히려 협조적인 자세로 적극적으로 과감한 마케팅 전략을 구사할 필요가 있다.

주로 행사가 많은 3월과 2학기 시작할 때에는 동아리나 동문회, 학생회의 모임을 찾아내서 유치하고 그 단체의 행사 찬조 요청에 적극 지원하는 과감한 마케팅 전략과 학교 학보 관련 신문에도 광고를 할 필요성이 있다. 행사가 활발한 시기에는 홍보에 많은 비용이 지출되기도 하지만, 학생들에게 가장 확실하게 브랜드를 홍보할 수 있는 기회라는 것을 기억해야 한다.

학교 앞 상권에서는 메인 타깃 고객이 학생인 만큼 점포 분위기는 학생들 위주의 음악 등에 신경을 써야 하며 대화할 수 있는 분위기 조성과 단체석 마련 전략도 필요하다. 타깃 고객이 젊은 층인 만큼 푸짐한 양과 저렴한 가격, 청결 유지가 중요한 포인트이다.

(3) 오피스가 지역의 판촉 전략

점식 식사를 주로 이용하는 고객으로 구성되어 있어 고객의 변화가 거의 없으며 이용자들의 선택 형태도 거의 변동이 없이 자주 가는 식당 4~5개 점포를 교대로 이용하는 경우가 많다.

식사 시간은 12~14시 사이로 객단가도 6,000~8,000원 정도이다. 짧은 시간 동안 최대한의 매출을 발생시켜야 하므로 신속한 서비스를 제공할 수 있는 한정 메뉴와 요일별 핵심 메뉴로 회전율을 높이는 전략과 유대관계가 있는 사무실과 연계해서 12시 이전과 14시 이후 이용 시 일정 금액을 할인하는 전략 등으로 피크타임을 최대한 활용할 수 있도록 노력해야 한다.

오피스상권은 주말 매출이 거의 '제로'에 가까운 곳이 많다. 평일 매출이 상대적으로 높지만, 낮은 주말 매출을 회복하기 위한 전략이 전제되어야 한다. 자칫 주말 상권을 검토하지 않고 입지를 선정할 경우, 고정비용을 감당하지 못하는 경우도 있다.

(4) 아파트, 주택단지 지역의 판촉 전략

타깃 고객은 주부층이다. 주부들의 입소문 마케팅의 효과가 가장 강한 곳으로 저가 메뉴를 선호하고 점포의 청결, 정리정돈 등 모든 부분에서 세련미가 요구되며 특히 여성 화장실의 위생 상태와 소모품의 고급화 등의 배려가 필요하다. 보너스 카드나 VIP 카드를 활용하여 주변에 점포 방문을 유도할 수 있도록 시식권이나 초청장을 잘 활용해야 한다.

유의할 점은 주부 고객들의 특성상 장시간 체류하며 찬류, 디저트의 추가 주문이 많은데 이때 신속한 서빙과 부드러운 접객 자세가 필수적이므로 지속적인 종업원 교육 · 훈련을 통해 미소를 유지하면서 스마트하게 접객할 수 있도록 해야 한다. 그리고 최근 들어 실버층도 점차 증가하고 있으므로 친절하면서도 세심한 배려와 관련하여 건강식 메뉴 개발도 검토가 되어야 한다.

(5) 유원지 지역의 판촉 전략

유원지 지역의 고객은 관광버스나 자가용을 이용하는 경우가 대부분이며, 입지한 점포는 메뉴의 종류나 품질도 대동소이하며, 차별화가 없는 경우가 많다. 관광버스 기사들과의 유대 관계와 이벤트성의 현수막을 점포 벽에 부착해서 홍보하는 것이 효과가 좋으며 한 번이라도 이용한 고객들에게 정기적으로 인사장이나 안내장을 발송하는 등 점포의 차별화 전략을 구사해야 한다. 특히 운전자에게 특별한 서비스와 대형 주차장이 필요하다.

(6) 대로변 지역의 판촉 전략

자동차를 이용하는 고객이 중심이므로 주차공간과 차량 출입의 편리성이 요구되며 주차 안내원을 배치하는 등의 배려가 필요하다. 또한 매장의 위치를 노출시키기 위해서는 전방 300m 정도에 간판이나 현수막으로 점포 위치를 알리고, 통행 차량이 지나치지 않고 유입될 수 있도록 준비해야 한다. 분위기의 편리성과 식사의 신속한 제공이 중요하다.

5. Process(흐름도 개발)

음식점의 공간 배치도가 완성되기까지는 수차례의 시뮬레이션 과정을 거쳐야 한다. 주방 공간 배치의 경우, 조리장과 홀 매니저 그리고 인테리어 전문가가 함께 여러 번 검토를 거듭한 후에 그 완성작이 나오게 된다. 이때 가장 중요한 것은 주방에서 일하는 조리사의 수와 역할 분담, 예상되는 방문 고객 수, 처리해야 할 메뉴의 양과 시간 등의 기초 데이터를 가지고 이것을 원활하게 처리할 수 있는 최적의 배치에 대해 고민하는 것이다.

홀 공간배치 또한 고객과 근무자와의 원활한 동선이 전제되어야 한다. 근무자 간의 동선에서도 병목이 발생되는 지역이 생겨서는 안 되고, 근무자의 업무 위치가 고객의 활동 범위와 겹쳐 서로 불편한 상황이 발생하지 않도록 충분히 고려해야 한다.

1) 기능별 공간 나누기의 중요성

음식점은 고객과의 접점에서 고객이 주문한 음식과 서비스를 제공하는 곳이므로 흔히 식음료 서비스업이라고 불린다. 어떤 업종과 업태의 음식점이든지 적절한 기능별 공간의 구획과 배치가 매우 중요하다. 음식점을 맨 처음 설계할 때 기획자는 우선 적당한 공간 나누기(Zoning)를 하게 된다.

공간 나누기를 할 때 중요한 것은 직원의 동작 동선이 충분히 확보되어야 하고 전체적인 서비스 흐름을 배려하면서 객석과의 균형을 잡아야 한다는 것이다. 손님이 우리 가게에 들어와서 직원의 안내를 받고 자리에 앉으면, 직원은 1차 응대 절차로 물수건과 물을 갖고 와서 주문을 받게 된다.

고객의 주문이 이루어지면 그 정보는 즉시 주방과 카운터에 알려지게 되고, 주방에서는 빠르게 주문한 음식을 조리하여 해당 서비스 직원에게 알려준다. 담당 서비스 직원은 주문한 음식을 고객에게 제공하고 이후 수시로 고객의 추가 주문이나 요구를 받게 된다. 식사를 마친 고객은 카운터에서 계산한 후 직원의 배웅을 받고 걸어서 또는 차로 돌아가게 된다.

결국, 음식점의 Zoning은 위와 같은 고객의 단계별 움직임이 마치 물 흐르듯이 편안하고 원활하게 이루어지도록 배치되어야 한다. 음식점 평면을 설계할 때 대체로 점포의 미적 측면만을 강조하여 물이 흘러야 할 곳에 방해물이 설치되어 있다든지, 손님과 직원이 움직이다가 부딪치게 된다면 문제가 된다. 특히 주방에서 홀의 이동이 불편하게 되면 점포 운영에 큰 손해가 난다.

이러한 관점에서 음식점에서 일하는 데 좋은 기능별 Zoning의 중요 사항들을 알아보자.

(1) 홀 공간 나누기

안내원(캐셔)의 경우 방문한 손님의 인원수를 바로 파악하고 객석으로 유도하기 쉬운 위치에 있는 것이 이상적이다. 따라서 객석과 홀 전체가 다 바라보이는 곳에 있어야 하고, 입구를 마주 보면서 손님이 부르기 쉬운 곳에 있어야 한다.

서빙을 담당하는 근무자의 경우에는 객석에 유도된 손님을 대하는 직접적인 서비스를 담당하는 것이 주 업무가 되기 때문에, 주방과 준비실 및 탁자까지 신속하게 이동할 수 있는 작업 동선을 확보해 주어야 한다.

따라서 서비스의 흐름은 팬트리(식품 저장고) → 객석 → 배식대 → 팬트리 → 객석으로 순환되는 것이 일반적이다. 서버들이 계산원(캐셔)의 작업을 겸하는 경우에는 카운터에 인접하고 있는 것은 물론 객석의 식당 상황이 파악 가능한 위치에 배치해야 한다.

(2) 주방 공간 나누기

조리장의 작업은 객석으로부터 주문을 접수하여 주방을 통제하면서 전체의 상황에 맞게 작업내용을 조정, 지휘하는 일이다. 따라서 조리장은 주방의 중심에 있는 것이 일반적이다.

조리장은 옆 동작이 적고 앞뒤 동작만으로 조리와 일이 가능한 곳과 그곳으로부터 객석과 홀의 동작이 확인 가능한 곳에 항상 위치하는 것이 중요하다. 한편, 아주 바쁠 때에는 식자재나 식기 등의 보충과 처리를 신속하게 지시해야 하기 때문에 전처리 공간과 세척공간을 잘 살펴볼 수 있는 위치가 좋다. 세척공간은 객석과 팬트리 공간이 가까이 접하고 있는 곳에 위치하는 것이 좋다.

혼자서 대량의 식기류를 세정하기 위해서는 세정라인이 직선으로 돼 있으면 이동 거리가 길어서 불편하다. 이런 경우에는 세척라인을 'ㄴ'자형으로 배치하여 작업자의 이동 거리를 최대한 줄여주어야 한다.

서버들이 상을 치운 후에는 퇴식 컨베이어, 퇴식박스, 웨건 등을 이용하여 세척 준비대에 전달하는 방법이 가장 깔끔해 보이고 편리하다. 특히 이런 방법은 단체급식 또는 단품 메뉴를 한꺼번에 많이 제공하는 음식점에서 사용하기에 적합하다.

코스요리를 시간 전개형으로 서빙하는 경우에는 서버들이 전채요리 – 주요리 – 후식을 순차적으로 손님에게 가져다주고 다음 요리를 제공할 때 빈 접시를 치우기 때문에 그때마다 서버가 세척공간에 직접 전달하는 방식이 좋다.

2) 레이아웃 구성

종업원이 편리하고 조리에 효율적인 매장을 만들기 위해서는 매장의 콘셉트가 먼저 세워져 있어야 하고, 그런 매장 콘셉트를 완성하기 위한 메뉴 콘셉트가 확립되어 있어야 한다.

메뉴 콘셉트에 따라 주방의 규모와 레이아웃(조리기구의 배치 관계)이 달라져야 하기 때문이다. 그러나 아직도 많은 식당 창업자들이 준비되지 않은 사업계획, 메뉴 계획을 가지고 급하게 식당(매장) 디자인을 의뢰하고 있는 것이 현실이다. 심지어 인테리어 공사가 거의 완료될 때쯤 메뉴가 확정되거나 조리사들이 채용되는 경우도 많다. 이래서는 경쟁력 있는 레스토랑이 될 수가 없으며, 향후 새로운 메뉴를 도입하려 해도 키친의 조건이 맞지 않는다면 신 메뉴 도입을 포기하거나 추가 비용을 들여 키친 구조 변경공사를 할 수밖에 없다. 내점 고객이 많아지더라도 절호의 기회를 협소한 주방으로 인해 살리지 못할 수도 있는 것이다.

최선의 해결책은 처음부터 기본(콘셉트)에 충실한 매장을 만드는 것 밖에 없다.

(1) 최적의 주방 위치는 어디인가?

매장을 설계할 때 메인 주방(Main kitchen)과 서브 주방(Sub kitchen), 서비스 스테이션(Service station)의 위치를 결정하는 것은 매우 중요한 일이다. 주방과 스테이션의 위치에 따라서 고객서비스의 효율을 높이고, 직원의 피로도를 절감할 수 있으며, 동선의 혼잡을 줄일 수 있기 때문이다.

주방의 위치는 이론적으로 매장의 중심이 좋다. 모든 객석과의 거리가 가깝기 때문이다. 하지만, 실제 매장마다 처한 건축적 환경은 다르기 때문에 해법은 그리 간단하지만은 않다.

규모가 작은 매장은 주방의 위치가 쉽게 정해질 수밖에 없는 반면, 대형 매장은 주방의 위치를 정하기도 어렵고 향후 운영에 지속적인 영향을 미치기 때문에 더욱 심사숙고해서 위치설정을 해야만 한다.

(2) 최적의 서비스 스테이션의 위치는 어디인가?

중·대형 매장의 주방이 출입구와 가까운 쪽에 위치하게 된다면 고객의 진입 동선과 교차하게 될 가능성이 크다. 이런 경우 내점객과 퇴점객에 종업원의 배식, 퇴식 동선이 맞물려 입구부터 혼잡을 초래할 수밖에 없다. 현실적인 여건 때문에 어쩔 수 없다면 배식, 퇴식 통로를 다른 쪽으로 유도해서라도 고객 동선과 종업원의 서비스 동선을 분리하는 것이 좋다.

대형 매장의 경우는 메인 주방의 위치도 중요하지만 홀의 중심부에 적정규모의 서비스 스테이션을 배치하면 고객서비스가 빨라지며 혼잡을 줄일 수 있는 장점이 있다.

점포 콘셉트에 따라 샐러드-바(Salad Bar) 등의 셀프 코너를 홀에 배치하는 것도 운영비 절감에 유리하다.

(3) 최적의 팬트리 공간의 위치는 어디인가?

중 · 소형 매장의 경우는 홀의 서비스 스테이션은 작게 설치하고, 디쉬업(Dish up) 기능을 담당하는 팬트리(Pantry) 공간을 주방의 앞쪽에 배치하는 것이 효율적이다. 팬트리는 주방에 대한 고객의 시선을 차단하여 레스토랑이 청결하게 느껴지고, 홀의 분위기가 안정적인 느낌이 들도록 하는 장점이 있다.

특히 소형 레스토랑에서는 팬트리 공간을 캐시 카운터(Cash-counter)에 가깝게 배치하는 것이 유리한데, 피크타임에 캐셔의 디쉬업 업무지원이 가능하기 때문이다.

(4) 주방기구는 조리와 배식을 중심으로 배치되어야 흐름이 빨라진다

조리작업(Operation)의 흐름을 살펴보면 반입된 식자재는 저장과 보관, 세척과 전처리, 배식 과정이 조리작업을 중심으로 그물처럼 연결되어 반복된다.

따라서 주방기구는 조리와 배식 작업을 중심축으로 (저장 보관 → 세척 → 전처리 → 조리 → 배식)의 순서로 적절히 배치되어야 업종에 관계없이 조리 작업의 흐름이 빨라진다.

예를 들어 가스렌지 하부에 서랍 냉장고를 설치하여 전처리된 식자재를 바로 꺼내어 쓰거나 작업대 기능을 하는 테이블 냉장고를 배치하면, 조리작업 중 종업원의 이동을 최소화할 수가 있어서 피로를 줄이면서 조리가 간편하고 빨라질 수 있다. 적절한 위치에 수납 선반과 캐비닛을 설치하는 것도 마찬가지로 중요하다.

(5) 대형 매장에서는 퇴식 라인의 분업화도 중요하다

퇴식 라인의 작업 흐름도 원활해야 한다. 레스토랑은 일반적으로 총수용객수의 2~3배 정도의 식기와 그릇을 준비해 놓고 있지만 피크타임에는 부족할 수밖에 없다.

따라서 홀에서 퇴식된 식기가 잔반 처리 → 세척 → 정리 및 보관 → 소독 및 배식 준비라인에 다시 준비되기까지의 과정을 최대한 빠르고 편리하게 만드는 것이 중요하다.

대형 매장의 경우 퇴식 라인의 업무를 철저히 분업화하여 잔반 처리 담당, 초벌 세척 담당, 식기 세척기 담당, 건조대 담당 등으로 운영하는 것도 작업을 빠르게 한다. 또한 바쁠 경우 서로 간의 작업을 지원할 수 있게 동선을 유기적으로 설계해야만 인건비를 줄일 수 있다는 것도 주방설계에서 필히 유념해야 할 부분이다.

(6) 매장의 배식과 퇴식 동선은 분리되어야 한다

소형 매장의 경우를 제외하고 가능하면 배식과 퇴식 동선은 분리하는 것이 좋다. 손님이 가장 많은 피크타임에 배식과 퇴식 동선이 분리되어 있지 않다면, 종업원들끼리 서로 뒤엉켜 혼란스러워지며 고객 서비스가 늦어지는 것은 당연하다. 특히 오픈 주방 형식의 한식 레스토랑의 경우 배식대와 퇴식대가 구분되어 있지 않다면 고객들에게 청결하지 못한 느낌을 주게 될 것이다.

배식과 퇴식 동선, 배식대와 퇴식대가 적절히 분리되어 설계된다면 이러한 혼란은 대부분 해결된다.

파티션의 역할을 하는 팬트리가 배 · 퇴식구 부분을 가려주면서 설치된다면 팬트리 부분에 원활한 배 · 퇴식을 돕는 공간을 배치할 수도 있을 것이다.

6. Physical Evidence(물리적 증거 개발)

물리적 증거란 음식점이 고객에게 음식과 서비스를 전달하는 데 작용하는 모든 환경을 의미한다.

서비스가 소비자에게 지속적으로 전달되는 과정에서 고객이 경험하는 대부분의 서비스가 일련의 경험 형태로 전달되는 것을 말한다. 이는 고객이 서비스 생산에 있어 직접 참여할 수 있기 때문에 서비스 생산과정의 흐름과 진행은 더욱 중요하게 되고, 상품의 결과가 나오기까지의 모든 과정을 고객이 보고 듣고 느낄 수 있다는 것을 의미한다.

따라서 처음 방문하는 음식점의 경우, 고객은 음식을 먹어보지도 서비스를 경험하지도 않았기 때문에 물리적 증거만을 보고서 구매 결정을 한다.

1) 파사드(fasade)

음식점의 서비스를 이용하기 전에 매장을 가장 먼저 접하게 되는 것은 외부 이미지일 것이다.

파사드(fasade)는 건물의 출입구로 이용되는 정면 외벽 부분을 가리키는 프랑스어이다. 파사드는 건물에서 가장 중요한 디자인적 요소가 필요한 것으로 음식점의 경우는 매장을 단편적으로 설명할 수 있는 공간으로 고객과의 1차 소통 역할을 한다.

파사드는 고객에게 매장에 대한 첫인상을 심어준다. 매력적인 파사드는 구매와 연결될 확률이 높고, 반대의 경우는 고객을 유입시키지 못하게 된다. 눈에 띄는 파사드도 중요하지만, 아이템과 연관성이 있는 디자인이 좀 더 유리할 수 있음을 기억하자.

[샘플 - 협재칼치]

협재해수욕장 주변의 갈치 전문점이다. 갈치의 옛 이름인 '도어(刀魚)'를 뜻하는 '칼치'를 브랜드로 하고, 협재 해변의 에메랄드빛과 모래의 색상으로 전면 파사드를 구성했다. 또한 외부의 아름다운 해변을 바라볼 수 있도록 외부의 창을 깔끔하게 부착물 없이 오픈해두었다. 밖에서 봤을 때는 아름다운 식당, 안에서 봤을 때는 아름다운 해변을 고려한 결과다.

바닷가에서 먹는 칼치, 협재에서 가장 아름다운 칼치전문점으로 확실한 브랜드 이미지를 고객께 심어줄 수 있었던 사례이다.

2) 메뉴판

메뉴판이란 식당이나 찻집 같은 곳에서 음식이나 음료 따위의 종류와 값을 적어놓은 표를 말한다. 해당 매장을 방문한 손님들에게 메뉴와 가격을 알려 그들이 쉽게 주문을 하도록 제공된다.

(1) 메뉴판의 종류

매장에서 판매되는 메뉴를 소개해주는 메뉴판에는 '키오스크(전자메뉴)', '메뉴 보드', '메뉴 텐트', '테이블 매트', '메뉴 북' 등이 있다.

메뉴판은 매장의 메뉴 믹스를 결정짓고, 매출에도 직접적으로 영향을 줄 수 있는 중요한 도구이다. 잘 구성된 메뉴판은 고객이 선택하는 메뉴를 원하는 방향으로 유도할 수 있다. 매장 크기나 콘셉트에 따라 적절한 메뉴판을 선택하는 것이 좋다.

(2) 메뉴판 제작

메뉴판 제작에 앞서, 매장의 콘셉트와 메뉴의 종류가 결정되어야 한다. 먹는 방법, 매장의 크기, 아이템의 종류에 따라 메뉴판의 종류와 콘셉트도 달라질 수 있다.

메뉴북을 제작하는 단계는 총 5가지로 구분할 수 있다.

❶ 메뉴판 디자인 콘셉트를 결정하고, ❷ 메뉴판의 형태와 디자인을 결정한다. ❸ 메뉴판에 사용할 이미지를 확보하기 위해서 메뉴촬영 업체를 섭외하고 가격을 결정한다.(촬영이 어려운 경우, 이미지를 구입하는 방법도 검토한다) ❹ 필요한 메뉴판의 수량을 확인하고, ❺ 메뉴판 제작 업체를 섭외하고 가격을 결정한다.

❶ 메뉴판

[메뉴판 샘플]

❷ 메뉴보드

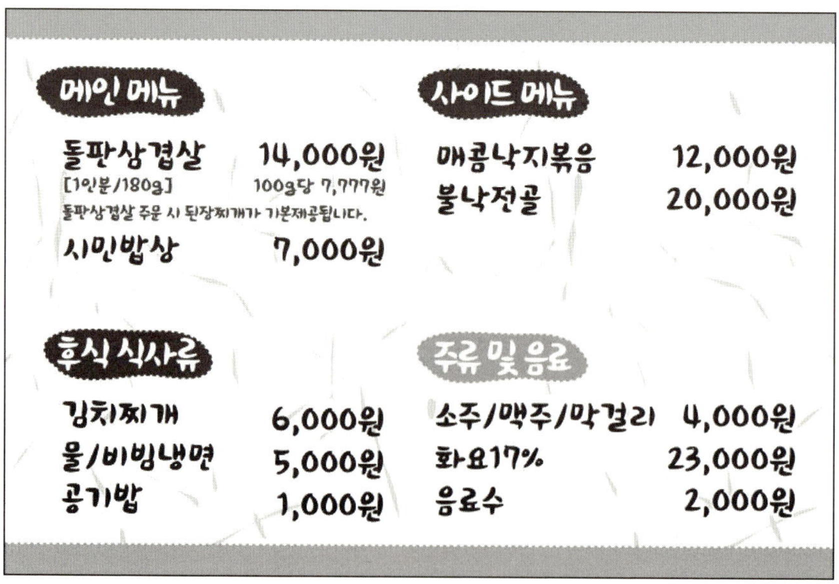

❸ 테이블텐트(메뉴텐트)

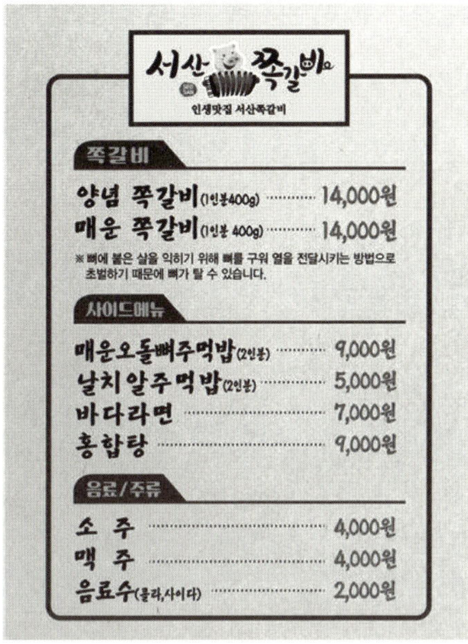

3) 유니폼

통일된 유니폼을 제작하여 직원들에게 제공한다면, 이는 직원과 고객을 구분해주는 효과뿐만 아니라, 매장에 대한 신뢰도를 높일 수 있게 된다. 직원과 고객이 명확히 구분되지 않는다면, 매장을 이용하는 고객들이 불편한 식사를 하게 된다는 것을 잊지 말자.

또한 근무 시작 전에 마음가짐을 새롭게 할 수 있는 기회를 제공해준다. 복장을 새롭게 착용한다는 것은 업무의 시작 전과 후, 종료 전과 후를 구분 짓는 의식 중에 하나의 과정이 된다. 따라서 유니폼을 갈아입으면서 근무자는 업무에 투입될 준비를 하게 된다.

그 밖에도 유니폼에 BI(Brand Identity) 또는 로고를 새김으로써 브랜드를 지속적으로 노출시킴에 따른 마케팅 효과도 얻을 수 있다.

유니폼 제작

최근에는 인터넷으로도 유니폼을 제작하기가 매우 쉽다. 대부분의 음식점 유니폼 제작 사이트에서도 로고를 자체 제작해주거나 파일을 받아서 인쇄를 해주는 곳이 많기 때문에 매장만의 유니폼을 어렵지 않게 별도로 제작할 수 있다. 매장에서는 유니폼의 종류(반팔, 긴팔, 가디건 등)와 유니폼의 색상, 사이즈 등을 선택해서 적합한 소재를 발주하면 된다.

로고나 문구를 넣을 경우, 3일~5일의 제작 기간이 소요되므로 참고해서 준비하면 된다. 유니폼은 청결한 관리가 중요하기 때문에 최소 1인당 2벌이 필요하다. 자체 관리하되 청결하게 관리해야 한다. 메뉴의 종류에 따라 유니폼이 빨리 더러워지는 경우가 있다. 특히 주방은 화구에 따른 열 차단 소재와 쉽게 변색될 수 있는 점을 감안하여 색상을 정하는 것이 좋다.

[유니폼 샘플]

홀 유니폼

주방 유니폼

4) 소모품

매장 오픈 시 구입해야 할 것은 집기와 기물 외에도 소모품으로 구분되는 품목들이 있다. 매장의 메뉴와 콘셉트, 판매 방법에 따라 다소 차이는 있지만 일반적인 소모품들은 다음과 같다.

(1) 물수건

1차 서비스(물과 물컵 제공 시)에 함께 제공된다. 주로 1회 제공에 그치지만 고객의 요구가 있을 경우, 추가 제공하기도 한다.

물수건의 종류에는 덕용 물티슈, 포장 물티슈, 건식 물티슈 등이 있다. 메뉴에 따라 사용 물수건에 차이가 있을 수 있으나, 가급적 포장 물티슈를 사용하고, 포장에 로고를 함께 넣어 제작하는 것이 매장 이미지에 도움이 된다.

(2) 나무젓가락

배달 또는 포장할 때 필요하다. 브랜드를 한 번 더 인지시켜주는 입장에서 포장에 BI를 넣는 것을 권유한다.

(3) 냅킨

청결 문제로 각티슈를 사용하는 매장이 증가하고 있다. 각티슈는 BI를 넣어 제작하는 것이 유리하고, 냅킨 또한 가급적 BI를 넣에 제작하는 것이 좋다. 냅킨은 1회용으로 사용되지만, 가장 노출이 많은 소모품 중의 하나이다. 단순히 BI를 넣어 브랜드를 인지시키는 것이 좋을지, 다른 추가적인 정보를 주는 것이 좋을지는 상황에 따라 적합한 방법을 찾아보는 것이 좋다.

(4) 포장 용기

실링이 가능한 용기를 사용하고, 실링 기계는 사용 빈도에 따라 자동 또는 수동을 선택한다. 일 20회 이상이면 자동 용기를 권유한다.

(5) 1회용 앞치마

양념이 잘 튀는 메뉴에 필요한 소모품으로 대부분 부직포 원단을 사용하고, 주문 시 로고 인쇄가 가능하다. 비용은 장당 100원대이지만, 깨끗한 매장의 분위기를 연출할 수 있고, 위생적이며 청결한 서비스를 제공할 수 있다.

(6) 장갑(위생장갑 또는 종이 장갑)

메뉴 종류에 따라 다르게 제공된다. 해산물의 경우는 위생장갑, 육류는 종이 장갑이 제공되는 경우가 있다. 메뉴에 따라서는 위생장갑과 종이 장갑이 모두 제공되기도 한다.

(7) 기타

소독제, 청소용품, 포장 비닐, 행주, 옷걸이, 방석 등이 있다.

5) 주방기물

주방에서 사용하는 기물을 선정할 때는 메뉴의 특성과 매장의 분위기를 충분히 고려해야 한다. 타깃 고객의 성별, 연령 및 성향을 고려한 디자인과 색상의 선택이 중요하다. 색상 선택 시에는 조명에 비춰진 그릇의 이미지까지도 점검해야 한다.

색상과 디자인이 정해지면, 구입 가격을 고려하여 재질 및 수량을 판단한다. 공급단가가 너무 부담되는 경우는 현실적으로 도입에 어려움이 있으니, 분위기에 적합한 범위 내에서 재질 및 수량을 조정한다.

메뉴가 선정되면, 제공되는 중량 및 시각적인 요소를 감안하여 용기를 선택한다. 선택 시 고려되어야 할 사항으로는 용기의 사이즈, 색상, 가격, 재질 및 수량이다. 구입 수량이 적은 단일 매장은 기성 제품을 구입하는 방향으로 진행하되, 브랜드 이미지 전략에 따라 로고를 넣을 것인지의 여부를 선택해야 한다. 세부적인 사항이 결정되면, 업체를 컨택하고 가격 협의를 한 후 입고일을 확정하는 절차로 진행한다.

7. People(인력)

1) 인력 채용방법과 선발 시 체크 사항

식당의 인적자원 관리는 식당이 필요로 하는 적합한 인력을 고용하여 유지하고 교육과 훈련으로 개발하여 식당운영에 맞게 활용을 해야 하며, 종업원의 자발성과 자율성의 원리에 입각하여 계획 · 조직 · 통제하는 것이라고 정의할 수 있다.

식당의 인력을 구성할 때는 예상 매출을 먼저 추정하여야 한다. 예상 매출 대비 시간대별 예상 필요 인력을 산정한다. 이때 정직원과 아르바이트의 비중을 정해 놓으면 예상과 유사한 인건비율대로 인력을 편성할 수 있다.

오픈 초기에는 숙련도가 부족하고, 근무자 간 협업도 원활하지 않을 수 있으니, 필요 인력보다 많은 인력을 채용하는 것이 좋다. 초기 오픈 멤버는 장기간 근무하는 경우가 드물다. 따라서 여유 인력을 보유한 상황에서 경영주의 성향과 어울리는 사람, 근면 성실한 근무자 중심으로 재편성하는 과정이 필요하다.

채용은 규정에 의해 지원자를 평가하여 선택되는데, 지원자는 생활정보지 광고, 인터넷 사이트 등록 및 검색, 헤드헌터 이용, 학원, 학교, 신문, 고용안정센터 등을 통하여 확보되며 선발 과정에는 지원서(이력서, 경력증명서, 자격증, 자기소개서, 졸업 증명서, 성적 증명서, 주민등록등본 등)를 기초자료로 하여 면접, 시험 및 참고자료 등을 이용한 모집과 선발을 진행한다.

(1) 종업원 채용방법

❶ 가장 먼저 가족 중에서 가능한 인원을 찾아보고 나서 지인이나 연고자를 통해서 인재를 확보하면 비교적 잦은 이직 등의 부담을 줄일 수 있다.

❷ 자기가 운영할 점포와 비슷한 수준의 규모나 업종 · 업태의 점포에서 필요

한 인력을 스카웃하는 방법이 있으나 급여도 현재보다 높여 주어야 하고 도의상 문제점과 악순환이 될 수도 있다.

③ 요리학원이나 교육기관에 의뢰하는 방법이 있으며 또 음식업중앙회나 각 지부, 조리사 협회, 어머니회 등에 문의해서 조리사나 찬모, 보조, 서빙 인력 등을 소개받을 수도 있다.

④ 예정 메뉴와 유사한 점포의 주방장 밑에 있는 조리사를 주방장으로 승진시켜 스카우트하는 방법도 있다.

⑤ 대학의 외식, 조리 관련 학과나 외식컨설팅회사에 의뢰하는 방법이 있다.

⑥ 직업소개소나 조리 전문기관에서 지원받는 방법이 있다.

⑦ 주방기기 납품업체나 식자재 납품업체의 소개를 받는 방법이 있다.

⑧ 지역에 있는 시청이나 구청 또는 고용안정센터, 정부의 양성기관, 어머니회에 추천을 의뢰하는 방법이 있다.

⑨ 지역신문이나 생활정보지, 식당 관련 전문잡지(월간식당 등)나 신문(외식경제신문), 인터넷 구인사이트 등에 구인광고를 내는 방법이 있다.

⑩ 1~2개월간 유능한 조리사를 채용해서 기술 전수 계약을 하고 기술을 습득하는 방법이 있는데 고액 요구와 실속 면에서 문제점이 내포되어 있다.

(2) 종업원 선발 시 체크 사항

종업원 채용 시 유의할 점은 직무의 명확성, 지원자의 인생관과 점포의 직무에 부합되는가, 우리 점포의 이상적인 연령층인 단골고객에게 적합한 지원자인가 등을 고려해야 한다.

종업원 채용의 핵심은 우수한 인재를 채용하기보다는 성실한 인재, 성장할 잠재력이 있는 인재, 외식업체에 적합한 끼가 있는 인재 즉 현재 기술은 약간 부족하지만 성실하고 따뜻한 마음의 소유자를 채용해야지 실패 없는 경영을 할 수 있다. 기술과 경험이 부족하더라고 밝은 성격, 배우려는 마음을 갖고 있는 사람에게는 부족한 기술 수준을 교육과 훈련으로 얼마든지 향상시킬 수 있다.

TIP 종업원 채용 시 확인사항

1. 이름, 생년월일, 주소, 연락처, 근무 경력 등을 기재한 이력서
2. 건강 진단증, 주민등록등본, 보유 자격증(조리사, 영양사, 조주사, 위생관리사, 운전면허증) 등
3. 해당 요리에 대한 교육 이수 내용이나 지식과 기능
4. 건강 상태와 인품, 언어 사용 능력, 태도, 근무 의욕 체크
5. 근무 경력증명서(같은 곳에서 장기근무자 우대)
6. 성실한 인간관계와 가족관계
7. 점포 선택 이유와 장래의 꿈이나 희망을 체크하고 선발해야 된다.

2) 임금 산정방법

급여 수준은 두 가지의 의미를 나누어 생각할 수 있는데 하나는 동일 식당 내의 직무의 차이와 직위의 차이에 따른 임금 격차를 의미하고, 다른 하나는 식당 자체의 임금수준으로 노동시장과의 관계에서 균형을 유지하여 임금의 상한과 하한을 관리하는 것을 의미한다.

(1) 급여 산정기준

먼저 내 점포 주변의 유사한 업종 · 업태, 유사한 메뉴나 동일 규모 점포의 인건비 수준(직급별) 파악과 타 지역의 같은 업종에서의 유사업무의 일반적인 급여 수준을 조사한 자료를 기초로 하여 인건비를 결정한다.

2022년 최저시급은 시간당 9,160원이고 1인 이상의 사업장에서는 주휴수당을 반드시 지급해야 한다. 5인 이상의 사업장에서는 연장수당과 야간근로수당까지 지급해야 하니, 급여 책정 시 반영되어야 한다.

❶ 최저임금을 강조하면 우수한 인재확보가 어려워지므로 인근 타 점포의 인건비 수준에 비해 10~15% 이내의 격차를 유지해야 한다. 하지만, 최근 갑작스럽게 최저시급이 인상된 상황에서는 주변보다 더 높은 가격으로 채용하기는 것은 부담이 될 수 있으니, 최저시급을 지급하더라도 법적인 테두리를 준수한다면 보다 안정적으로 채용할 수 있다.

❷ 높은 인건비를 지급하더라도 업무 역량이 높은 사람이 그만큼의 효용이 있다. 급여를 책정할 때는 종업원에 따라서 기술 수준과 생산성을 참고로 결정을 해야 되는데 팀워크가 중요시되는 중 · 대형식당은 팀워크를 중시하는 인재를, 소규모점포는 1인이 1.5~2인분 몫을 하는 사람을 채용해야 효율적이므로 그에 상응하는 임금을 주어야 한다. 또, 파트타임이나 아르바이트 채용 시에는 개인의 능력이 높은 자를 채용해야 한다. 인건비를 많이 주더라도 소수를 채용해야지 그와 관련된 간접비인 식대, 유니폼, 기타 복리후생비를 생각하면 능력 있는 소수가 훨씬 효율적이다.

❸ 채용 시 이전 직장의 급여 수준을 참고로 해서 그 기준에 몇 % 인상해 주든지 아니면 낮추어 산정하든지 양자가 협의하면 되며 필요 시 인센티브나 옵션을 설정해서 운영해도 무방하다.

(2) 급여 지급방법

급여 수준을 결정할 때 기술 수준이나 직종 · 직무별로 차등하게 지급해야 하기 위해서는 본봉+제 수당으로 구분하는 것이 좋으며 이렇게 하면 차등 지급 사유를 명확하게 할 수 있다. 같은 직급인 경우 본봉은 같게 하고 수당에서 기본틀은 같게 하지만, 새벽 근무, 심야 근무, 공휴일 근무에 따른 특별수당 지급,

장기근무자에 대한 근속 수당 지급 시 직원의 근무 의욕을 높일 수 있고, 동기부여를 심어줄 수 있는 한 방법이다.

그리고 입사 시 제시한 금액이 총액인지, 실수령액인지 분명히 해야 오해의 소지를 사전에 차단할 수 있으며 또 지급기일을 명확하게 정하여 반드시 지켜야 하고, 퇴직금과 상여금 지급 규정도 확립하는 등 종업원의 동기부여가 되어야 한다.

(3) 인건비의 구성요소

인건비는 기본 급여와 제 수당 그리고 상여금 등으로 구성된 직접 인건비와 간접 인건비로 구성되고 있다.

❶ **직접 인건비** 기본급여, 각종 제 수당, 상여금

❷ **간접 인건비** 교육훈련비, 국민연금, 통근교통비, 구인광고비, 식비, 피복비, 고용보험, 산재보험, 퇴직적립금, 복리후생비, 건강보험 등

❸ 인건비에 대한 인식 전환의 필요성이 대두되고 있으며 점포의 전체 지출액 중 식재료 다음으로 높은 부분이 인건비(OO호텔의 외식사업부의 경우 인건비가 식재료보다 더 높은 비중을 차지하고 있음)이므로 효율적인 관리 없이는 식당운영이 어려워진다. 종업원들에게 시간만 소비하는 개념이 아닌 초, 분 단위 개념 도입으로 시테크를 자율적으로 관리할 수 있도록 해야 하며, 인간의 개성과 감정 관리에 유의한 노동시간을 합리적으로 관리할 수 있는 방법 등에 대한 검토도 필요하다.

3) 교육

채용된 종업원을 유능한 종업원으로 양성하기 위해서는 교육 · 훈련이 반드시 필요한데 이때 교육은 외식업의 전반적인 이론 등 특정직무와 관련되지 않

는 일반지식과 기초이론을 가르치는 것을 말하며, 훈련은 서빙이나 조리 등 특정 직업 또는 특정 직무와 관련된 학문적 지식, 육체적인 기능 등을 습득시키며 숙달시키는 것을 의미한다.

교육 · 훈련은 종업원의 능력개발을 목표한 것으로 그 주요 목적은 첫째, 채용된 인재를 육성 · 양성하여 기술을 축적하고, 둘째, 원활한 의사소통을 통해서 조직 간의 협력 관계를 유지하는데 기여하도록 하며, 셋째, 자기 발전의 욕구충족을 통한 동기 유발을 시켜나가는 것이다.

교육 훈련방법 중에는 대표적으로 OJT와 OFF JT가 있다. 먼저 OJT(On the Job Training)는 오래되고 보편화된 훈련방법으로 실제 몸을 움직여 시범을 보이면서 가르치는 트레이닝 기법으로 우리 외식업체에서 가장 많이 활용하고 있다. OFF JT(off the job training)는 현장, 직장, 직무와 관련된 모든 사내 교육 · 훈련을 말한다.

항목	세부내용	내용	비고
교육	일정계획	교육일정 계획표 작성	–오픈 일정 적용
	오리엔테이션	• 진행자	– 오픈 일정에 따른 변동 가능
		• 참석자 확정 공지	
		• 오리엔테이션 가이드북 준비	
		• 장소, 시간 결정	
		• 기자재 및 자료 준비 (PPT or 영상물)	
	업무 기본 교육	• 직무별 교육 담당자 선정	– 포스 교육 : 포스업체 담당자 – 교육별, 파트별 교육 담당자 선정 – 관리자 집중 교육 필요 – 일 업무에 대한 세부 일정 교육
		• 점장/관리자 교육	
		• FOH/BOH별 업무 프로세스 교육 (POS 교육 포함)	
		• FOH/BOH 메뉴 교육	
		• FOH/BOH 위생 교육	
		• FOH/BOH별 오픈/마감 업무 교육	

<table>
<tr><td rowspan="3">교육</td><td rowspan="3">서비스 교육</td><td>• 고객응대 및 고객불평 관리 교육</td><td rowspan="3">– 전 직원 서비스 마인드 교육
– 고객 응대 및 불평, 불만 처리 방안</td></tr>
<tr><td>• 이미지 메이킹 교육</td></tr>
<tr><td>• 메뉴추천 스킬 업 교육</td></tr>
<tr><td rowspan="6">인사 업무</td><td rowspan="4">4대보험</td><td>• 국민연금</td><td rowspan="4">– 전 직원 필수</td></tr>
<tr><td>• 건강보험</td></tr>
<tr><td>• 산재보험</td></tr>
<tr><td>• 고용보험</td></tr>
<tr><td rowspan="2">인사기록</td><td>• 인사카드 작성</td><td rowspan="2">– 담당자 또는 업주 담당, 필수</td></tr>
<tr><td>• 급여 테이블 작성</td></tr>
</table>

외식경영 컨설팅 실무 매뉴얼

창업실무편

V

Simulation & Operation

V

Simulation & Operation

1. Simulation(기상 운영)

1) 가상 운영 예시

※ 경기도 용인 만미정

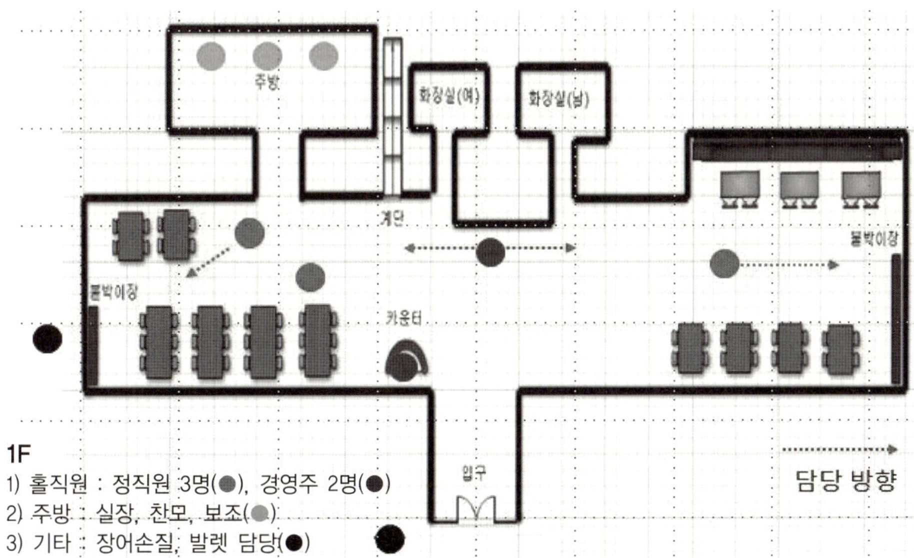

2) 이상적 운영 모델 도출 예시

※ 경기도 용인 만미정

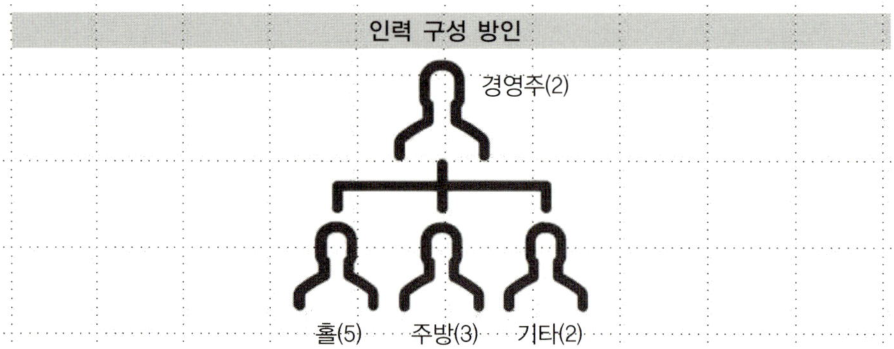

구분	직책	인원수	근무시간	인건비
경영주	사장	2	10:00~22:00(12시간)	3,000,000×2 =6,000,000
홀	직원 (1층 : 3명/2층 : 2명)	5	10:00~22:00(12시간)	2,000,000×5 =10,000,000
주방	실장 찬모 보조	1 1 1	10:00~22:00(12시간) 10:00~22:00(12시간) 10:00~22:00(12시간)	3,000,000 2,000,000 1,800,000
기타	발렛 파킹 직원 장어 손질 직원	1 1	10:00~22:00(12시간) 10:00~22:00(12시간)	1,900,000 1,900,000
합계		12	26,600,000	

2. Operation(운영)

1) 운영 관련 시트

(1) 식자재 발주 시트 및 인벤토리 시트

식자재 발주 시트

코드	제품명	규격	단위	단가	재고	발주량	업체명	연락처
192	척갈비							
0009	돈등심							
0990991183	탈각새우							
0050010173	오만둥이							
0050010046	홍합							
0990991574	냉동낙지(6미)							
0990991575	냉동낙지(4미)							
0050010046	홍합							
0990991183	탈각새우							
	홍합							
	만두							

식자재 인벤토리 시트

코드	제품명	규격	단위	단가	수량	공급가액	업체명	비고
192	척갈비							
0009	돈등심							
11041	케첩(오뚜기)							
11030	간장(마산)							
11032	식초(환만15L)							
15022	고추기름(15L)							
11120	식용유(큐원)							
18048	고추가루							
12032	건고추(월남)							
16015	마요네즈(오뚜기)							
12041	무							
12021	백후추							
12121	휘핑크림							
19122	월계수잎							
14062	연유							
18081	소금							
11021	미원(중화)							
11017	설탕(삼양)							

15002	두반장(하하)							
11120	식용유(큐원)							
18048	고추가루							
11071	밀가루(고급면)							
13034	감자(500)							
13006	콘스							
12021	백후추							
12121	휘핑크림							
15009	치킨 파우더							

TIP 식자재 발주 시트와 인벤토리 시트 도입 시 장점

1. 효율적인 재고 관리 → 재고 Loss 감소
2. 불필요한 발주 감소
3. 효율적인 원가관리에 도움 → 매출증대

(2) 오프닝/클로징 & 화장실 체크 리스트

Daily Open/Close Check List

매장명 :

20 년 월 일

구분		체크항목	확인 (O/X)
open	1	pos는 모두 정상적으로 "on" 상태에 있는가?	
	2	시제금은 부족함없이 준비되어 있는가?	
	3	고객용 출입문, 테라스창, 거울 등은 이물질이 없이 깨끗이 닦여 있는가?	
	4	조명은 교체해야 할 것이 없고 먼지 등의 이물질이 없는가?	
	5	매장 주변이나 바닥이 지저분하지는 않는가?	
	6	물통에 물이 담겨 냉장고에 스탠바이 되어 있느가?	
	7	고객용 테이블과 의자는 끈적이거나 이물질이 묻어있지 않은가?	
	8	테이블에 고객용 소모품 및 식기류는 모두 채워져 있는가?	
	9	서비스 스테이션에 필요한 소모품 및 식기류는 모두 채워져 있는가?	
	10	커피머신은 모두 정상적으로 "on" 상태에 있는가?	

close	11	사용한 기기/기물은 모두 세척 후 정리되어 있는가?	
	12	홈 바닥에 쓰레기나 음식물 찌꺼기가 떨어져 있지 않은가?	
	13	고객용 테이블과 의자가 끈적이거나 이물질이 묻어있지 않은가?	
	14	서비스 스테이션은 잘 정리되어 있으며, 이물질이 묻어있지 않은가?	
	15	쓰레기통은 모두 비워져 깨끗한 상태로 되어 있는가?	
	16	커피머신은 클리닝 후 "off" 상태인가?	
	17	pos는 모두 정상적으로 "off" 상태인가?	
	18	시제금 및 매출 정산은 모두 정확하게 이루어졌는가?	
	19	시제금 시트는 모두 정확하게 작성되었는가?	
	20	전열기구 및 불필요한 기기의 코드는 모두 뽑혀 있는가?	

화장실 체크 리스트

	체크사항	확인
1	바닥에 쓰레기나 휴지는 없는가?	
2	세면대 주변은 물기 없이 깨끗한가	
3	세면대 거울은 깨끗이 닦여 있는가?	
4	고객용 손세정 비누는 채워져 있는가?	
5	고객용 화장지, 페이퍼 타올은 채워져 있는가?	
6	변기는 이물질 없이 잘 닦여져 있는가?	
7	쓰레기통은 넘치지 않고 잘 비워지고 있는가?	
8	문 잠금 상태는 양호한가?	
9	배수구는 이물질이 없고 막혀 있지 않는가?	
10	화장실 환기는 잘 이루어지고 있는가?	

종합확인	월	화	수	목	금	토	일

TIP 체크리스트

각종 업무를 체크리스트화시켜 놓으면 효율적이고 체계적인 매장관리가 가능하게 된다.

(3) 관리자 커뮤니케이션북(로그북)

일 요일 날씨 :

SALES

일매출목표	매출	고객수	매출누계
점심매출(11~18)		누계	
저녁매출(18~23)			
기타			

BUSINESS

일일업무진행상황	보수 수리 및 교환
1	1
2	2
3	3
4	4
5	
6	점주/점장 : ( )
7	홀 : 직원 ( )+아르바이트( )=( )
8	주방 : 직원 ( )+아르바이트( )=( )
9	
10	총 : 명
11	특이사항 :
12	
업무지시사항	**Promotion**
1	1
2	2
3	**자재입고 & 검수내용**
4	1
5	2
6	3
7	4
8	5

점주/점장 :

TIP 관리자 커뮤니케이션북(로그북)

Daily로 진행된 매장 전반 운영내용과 특이사항을 매일 기입 함으로 관리자들의 커뮤니케이션을 원활하게 하고, 좀 더 체계적인 업무 진행이 가능하게 한다.

(4) 직원 스케줄 시트

돌판삼겹과 양푼찌개 스케줄표

이름 :		월	화	수	목	금	토	일
직책 :								
LUNCH	10~14							
DINNER	16~22							
FULL	10~22							

돌판삼겹과 양푼찌개 스케줄표

구분/날짜			1	2	3	4	5	6	7	8	9	10	11	12	13	14	15	16	17	18
구분		성별	화	수	목	금	토	일	월	화	수	목	금	토	일	월	화	수	목	금
사장님																				
주방	조리실장																			
	조리보조																			
홀	새벽																			
	파트타임																			
	파트타임																			
	파트타임																			
	파트타임																			
점심 근무 현황			3	3	3	3	3	3	3	3	3	3	3	3	3	3	3	3	3	3
저녁 근무 현황			3	3	3	3	3	3	3	3	3	3	3	3	3	3	3	3	3	3
											오픈									

A	10:00~22:00(15~17 휴식)	BH	11:00~15:00	M/L	월차
B	11:00~21:00	H	18:00~23:00	H/0	공휴일
C	12:00~22:00	E	12:00~23:00(15~17 휴식)	D/0	Day Off9휴무)

TIP 직원 스케줄표 도입 시 장점

1. 정확한 급여 계산
2. 효율적인 인력 관리
3. 불필요한 인력 소모를 제거해 비용절감 → 매출 증대

2) 매뉴얼

(1) Process

항목	세부내용	내용	비고
매뉴얼 작성	표준 레시피	• 식재료별 검수 기준표 • 표준 조리방법 정리 • 인쇄 부수 결정	- 매장 담당자 보관 - 제공의 제한 설정
	오리엔테이션 가이드북	• 회사 규정 정립 • 레이아웃 결정 • 인쇄 부수 결정	- 회사 소개서, Vision 제시 - 회사 조직, 근로 규칙 등의 소개
	주방업무 매뉴얼	• 주방 업무 프로세스 정리 • 시프트별 업무 정리(오픈조, 중간조, 마감조) • 창고별 식재료 정리 기준 정립 • 레이아웃 결정 • 인쇄부수 결정	- 교육용, 보관용 - 위생 매뉴얼 개별 작성, 교육 - 오픈 및 클로즈 프로세스 및 체크 리스트
	서비스 매뉴얼	• 홀 업무 프로세스 정리 • 시프트별 업무 정리(오픈조, 중간조, 마감조) • 레이아웃 결정 • 인쇄 부수 결정	- 교육용, 보관용 - 마케팅 관련 및 불평 처리 방법 - 오픈 및 클로즈 프로세스 및 체크 리스트 - 고객 관리 방안 - 아이템별, 타겟 고객층별 차등 적용
	POS 매뉴얼	• 포스업체 매뉴얼 확보 • 이용 방법 정리(직원 눈높이)	- 포스업체 교육(직급별 차등 교육)
	설비/관리 매뉴얼	• 설비관리 매뉴얼 확보 • 설비별 이용수칙 및 A/S 기준 정리	- 체크 리스트 중심의 업무

<table>
<tr><td rowspan="2">매뉴얼 작성</td><td>청소 매뉴얼</td><td>• 권역별 청소 기준 작성
• 시설물별 청소 기준 작성
• 해충방제 업체 섭외 및 가격 협의</td><td>– 파트별 담당자 중심의 업무
– 화장실 중점 관리
– 위생철저</td></tr>
<tr><td>운영 관련 서적</td><td>• 영업허가서
• 직원스케줄표
• 직원보건증
• 관리자커뮤니케이션북 (로그북)</td><td>– 로그북 작성(회의록, 체크 리스트 등)
– 주별, 월별 스케줄 기록</td></tr>
</table>

(2) 주요구성

종류	대상자	내용
관리자 매뉴얼	매장 내의 각 파트 책임자	매장 내의 관리자 업무 능력 향상을 위한 매뉴얼
점포관리 매뉴얼	매장 총 관리자	매출 분석 및 파트별 관리 시스템 향상을 위한 관리 매뉴얼
위생관리 매뉴얼	전 직원대상	청결과 위생, 외식과 관련된 식중독 등의 관리 자료
FOH 매뉴얼	점장, 서비스 관리자	고객 관리 시스템, 홀 청결 및 위생, 기물 관리 등
BOH 매뉴얼	점장, 주방 관리자	식자재 관리, 기기/기물 관리, 인원관리, 유통관리 등
서비스 매뉴얼	전 직원대상	서비스 마인드, 고객관리 향상, 불평사항 처리 등의 기술향상 매뉴얼

(3) 관리자

❶ 점포 관리자, 점장의 기본자세

아무리 좋은 기획을 기안하고 시스템을 준비하여 상품을 개발해도 현장에서 잘 시행해 주지 않으면 의미가 없다. 또한 외식 매장의 제 일선을 지휘하는 것은 곧 점장이며 점장들은 브랜드의 얼굴이다. 외식사업은 매출의 확대로 발전이 가속화되며 점장의 역할 곧 핵심이다.

점장의 주요 관심사는 고객의 입장에서 생각하는 것이다. 무엇이 고객의 관심을 끌 수 있는가? 무엇을 고객이 가장 좋아하는가? 라는 점을 절대 놓치지 말고 민감하게 포착해야 할 것이다.

접객 서비스 담당 직원의 채용과 함께 종업원 교육훈련에 만전을 기해야 한다.

■ 기본 업무

- 매뉴얼에 있는 일의 규칙을 정하고, 매장의 일은 곧 나의 일이라는 신념으로 총괄적인 업무를 한다.
- 능동적으로 업무를 계획성 있게 추진하며 업무 추진 요령을 습득한다.
  업무를 스스로 해결하는 방법을 터득하고 일을 추진함에 있어 우선순위를 고려하여 먼저 처리한다.

■ 일상적 업무 처리 요령

- 업무는 문서화시켜야 하며 그 책임과 권한을 분명히 해야 한다.
  직무 수행에 필요한 지식과 기능을 익히고, 일의 대상, 동작, 소요시간, 관련자를 파악해서 가장 효과적으로 할 수 있는 방법을 정하여 관련자에게 이해시킨다.
  계획은 기간별로 세우고 실천하며 특히 그날 일의 계획은 아침에 지시하고 퇴근 시 점검한다.

■ 개선적인 일이 필요한 경우

- 매장에서 새로운 목표가 부여될 때 or 중대한 문제(매출, 청결, 고객 관리 등)가 발행되었을 때
- 일상 계획을 수행함에 있어 더욱 효율적으로 하고, 낭비를 줄이며 소요기간을 단축하고 싶을 때
- 소집단 활동, 프로젝트팀을 만들어 협동하여 해결한다.
- 투자 전략, 운영계획, 시간, 평가 방법을 만든다.
- 일상적인 업무를 해 나가는 과정에서 시간을 할당하여 해결해 나간다.

■ 점장의 일상 업무 일람표

가. 접객 서비스

- 판매 기술 교육
- 접객 태도 교육
- 상품 지시 교육
- 고충 처리
- 메뉴얼 교육

나. 매출 동향의 파악 매상 동향의 파악 Data 작성, 정보의 수집, 시장흐름 파악

다. 취급 상품 관리

- 품질 관리(원자재 관리)
- 원자재 및 기물류 관리, 비품 사용 및 고장 수리
- 비품, 소모품의 관리 정리

라. 점포 환경의 보전 재시설, 비품 관리, 청소, 정리

마. 종업원 교육 관리 캠페인 추진, 교육 실시 – 아르바이트 지도 교육 등

❷ 주방장 매뉴얼

- 정기적인 메뉴 개발을 한다.
- 일일 식자재 개발을 총괄하여 발주한다.
- 정기적으로 시장조사를 하여 벤치마킹을 한다.
- 스페셜, 계절 요리 등 신상품 개발을 한다.
- 주방 운영현황 업무진행 상태를 검토하여 개선책을 연구한다.
- 주방에서 일어나는 안전관리에 효율적으로 대처한다.
- 매출관리, 원가관리, 위생관리, 시설관리를 한다.

(4) 위생 관리

❶ 보관 관리

식품을 보관할 때는 식중독이나 세균에 의한 감염을 예방할 수 있어야 할 뿐 아니라 영양가를 손상시키지 않아야 한다. 철저한 검수로 양질의 식재료를 납품 받았더라도 적정하게 보관, 관리하지 않으면 식재료가 오염될 수 있다.

■ 저장 원칙

- 선입선출, 먼저 들어온 것을 먼저 사용한다.
- 저장소는 깨끗하고 건조해야 한다.
- 식품을 옮기는 기구는 청결해야 한다.
- 입고 날짜와 용도에 따라 지정된 용지에 기재하여 부착 보관한다.

■ 냉장 저장

- 상하기 쉬운 식품은 2~4℃에서 짧은 기간 동안 저장한다.
- 뜨거운 음식이 남았을 경우 제대로 식히지 않은 상태로 보관하거나 차가운 음식을 5℃ 이상의 온도에서 보관할 경우 식중독이 발생할 수 있다.
- 조리된 음식이나 요리가 필요하지 않은 음식은 냉장고 위쪽에 보관한다.
- 익히지 않은 음식은 뚜껑을 덮어 냉장고 아래쪽에 저장한다.
- 뜨거운 음식을 식힐 경우 냉장실을 이용하지 않는다.
- 제품을 종류별로 각각 다른 냉장고에 보관하는 방법이 가장 이상적이지만, 여건이 안 될 경우 생선과 유제품은 냉장고 문에서 떨어진, 온도가 가장 낮은 곳에서 저장한다.
- 날 것과 조리된 음식을 보관할 때는 깨끗하고 흡습성이 없으며 뚜껑이 있는 통에 담는다.
- 공기 순환을 위해 선반은 석쇠와 같이 구멍이 있어야 좋다.
- 통조림은 개봉한 다음 깡통 그대로 냉장고에 저장하지 않는다. 통조림 깡통은 유통 기간 관리를 위해, 내용 기간 관리를 위해 내용물을 사용하기 전에는 버리지 않는다.

- 부득이 옮겨야 할 경우 지정 용기에 입고 날짜, 유통 기간, 내용물 내용을 기재하여 붙인 후 밀폐 용기에 옮긴다.

■ 냉동 저장

- 18℃ 이하의 온도(-22℃~-18℃)에 저장
- 냉동 기간이 길수록 오염될 가능성과 부패할 확률이 높아진다.
- 냉동식품이나 미리 식힌 음식물만 냉동실에 저장하며, 음식을 식히기 위해 사용해서는 안 된다.
- 찬 공기가 잘 순환할 수 있도록 음식물을 적당하게 보관한다.
- 냉동실에 넣는 음식물은 포장하거나 수분을 방지할 수 있는 용기에 담아 보관한다.
- 조리원에게 필요할 때에만 문을 열고 한꺼번에 꺼내도록 교육한다.

■ 건 저장

- 상하지 않는 식품을 15~21℃, 습도 50~60%에서 장기간 저장한다.
- 적절한 환풍으로 식품의 품질 유지와 해충을 방지한다.
- 선입선출의 순환방법을 따르고 음식물을 담은 용기는 뚜껑을 꼭 닫는다.
- 흘린 음식은 즉시 청소하고 식품을 바닥에 놓지 않는다.
- 지정된 용기에 반입 날짜, 유통 기간, 내용물을 용도에 따라 부착한 후 변경 사항이 생길 때마다 새 용지에 다시 기입 부착하여 보관한다.

(5) 청소관리

품질 좋은 상품, 마음이 담긴 따뜻한 서비스는 음식업에 있어서 불가결한 것. 그러나 아무리 이 두 가지가 완벽하더라도 당신의 점포가 더러워 손님에게 불쾌감을 주면, 맛도 서비스도 그 가치를 잃어버리게 된다. 청결함이라고 하는 것은 간단히 청결이라는 의미와 함께 스마트하고 밝은 의미를 가지기도 한다. 닦고 청소하는 청소작업의 의미가 아니라, 청소를 끝낸 상태나 느끼는 밝고 깨끗한 청결함이라고 표현할 수 있는 인간의 감각이나 감정에 영향을 미치는 것이다.

❶ 화장실 청소

- 세면대나 변기 등의 접착 면인 실리콘에 낀 곰팡이는 화장지에 락스를 묻힌 후 곰팡이가 생긴 부위에 올려놓은 뒤 부드러운 수세미로 닦아주면 없어진다. 물에 녹는 화장지를 사용하는 것이 좋다.
- 욕실 벽면과 타일 바닥의 얼룩, 타일 사이에 낀 때는 분무기에 염소표백제를 넣어 뿌려서 제거한 후 곰팡이 제거제나 알코올을 뿌려 주어 다시 곰팡이가 끼지 않도록 예방한다.
- 변기에 묻은 때는 웬만한 청소로는 잘 지워지지 않으므로 욕실용 세제를 사용하는 것이 좋다. 그래도 깨끗하지 않으면 알코올로 닦아주면 된다. 변기 둘레나 안쪽, 뚜껑은 락스로 구석구석 닦으면 되고 김빠진 콜라를 사용해도 좋다. 또한 세제를 구석구석 뿌리고 불린 후 30분이 지난 후에 솔로 문질러 청소하며 곰팡이가 핀 곳은 헌 칫솔에 표백제를 묻혀 닦아 준다.
- 샤워기나 세면대 밑의 트랩에 고인 물로 인한 녹은 베이킹파우더나 먹다 남은 땅콩버터를 휴지에 묻혀 닦으면 간단히 녹을 제거할 수 있다.
- 세면대 수도꼭지에 수돗물로 인한 녹은 치약을 묻혀 닦아주고 레몬 떨어뜨린 물로 헹구어 내면 곰팡이도 예방할 수 있다.
- 세면대의 비누 때, 물때는 미지근한 중성세제나 락스로 닦아주면 좋고 베이비 오일을 사용해도 효과적이다.
- 배수구의 머리카락과 뭉친 때 머리카락이나 오물을 꺼낸 후에 소다를 묻힌 칫솔로 배수구 안까지 깨끗이 닦고 락스를 푼 물을 흘려 보내면 된다. 뜨거운 물을 흘려 보내면 소독 효과도 있다.

❷ 주방 청소

■ 행주

지퍼팩에 세제를 조금 넣고 전자레인지에 1분만 돌리면 깨끗한 행주를 삶아낼 수 있다. 비닐봉지가 아닌 밀폐 용기에 담아 전자레인지를 사용할 때는 반드시 뚜껑을 열고 사용하도록 한다. 전자레인지의 장점은 살균, 소독이 완벽하게 된다는 것, 그리고 가장 빠르게 가장 간단하게 사용할 수 있다는 점이다. 이 외에도 미지근한 물에서 애벌빨래를 한 후 통에 담아 10분 정도 삶는다. 그렇게 삶아도 지워지지 않는 얼룩 제거법은 레몬 껍질, 귤 껍질, 달걀 껍질 조각을 넣고 삶으면 해결할 수 있다. 락스를 이용하려면 세제로 깨끗이 애벌 빨래를 한 후 락스를 희석한 물에 30분 이상 담가두도록 한다.

■ 싱크대

싱크대의 기름기, 음식물 자국 등을 제거할 땐 감자 껍질로 싱크대의 오염된 부분을 문질러 준다. 그런 다음 뜨거운 물에 빤 행주로 깨끗이 다시 한번 닦아주면 반짝반짝해진 싱크대를 확인할 수 있다. 이 외에도 무에 클렌저를 묻혀서 오염된 부분을 닦으면 싱크대에 흠집도 남지 않는 깔끔한 청소를 할 수 있다. 싱크대를 청소함에 있어서 배수구 청소가 가장 어려운 부분이다. 배수구 청소 시에는 배수구에 있는 오물통은 항상 찜찜함 그 자체이다. 그것은 바로 오물통에 있는 찌꺼기 때문이다.

오물통을 보면 음식 찌꺼기들이 엉켜 있어 보기만 해도 불결한데, 그 불결함을 해소하는 방법은 못 신는 스타킹과 동전을 이용하는 방법이다. 스타킹에 10원짜리 동전을 몇 개 넣어 오물통에 걸어두면 음식 찌꺼기들이 부패되는 것을 방지할 수 있다. 보통 1~2개월 후면 그 동전은 검게 되는데, 그때마다 새로운 동전으로 교체해주면 지속적인 청결을 유지할 수 있다.

배수구 안에서 나는 냄새 그 범인은 바로 기름기이다. 기름기를 제거하는 방법은 우선 주방용 세제로 애벌한 후 물에 희석한 식초를 관에 부으면 악취가 사라진다는 것. 그런 다음 뜨거운 물을 부어 마무리하면 된다.

■ 가스레인지

가스레인지 또한 관리를 게을리하면 청소하기가 어렵다. 따라서 매일매일 청소를 하는 것이 바람직하다. 가스레인지 안에 있는 불판의 묵은 때는 칫솔, 대꼬챙이로 닦아내면 깨끗해진다. 불판의 청소가 끝나면 뜨거운 젖은 걸레로 다시 한번 닦아주면 된다. 보통 사용하는 주방용 세제를 뿌린 후 스펀지 수세미로 살살 문질러 묵은 때를 제거하고 뜨거운 젖은 행주로 그 거품이 없어질 때까지 닦으면 된다. 단 주방용 세제가 없다면 냉장고에 있는 남은 맥주로 대신하면 된다.

남은 맥주를 천에 묻혀 가스렌인지 주변을 문지르면 효과를 볼 수 있다. 또한 굵은 소금을 천에 묻혀 문질러도 좋다. 단 주의할 것은 염분이 남아있지 않도록 깨끗이 닦아내도록 해야 한다.

가스레인지의 기름기는 올리브유, 식용유를 마른 천에 조금 묻혀서 닦아내도 효과를 볼 수 있다.

기름이 기름에 녹는 원리를 이용한 것인데, 이 올리브유 등의 기름을 쓰게 되면 청소 제거 효과뿐만 아닌 녹이 스는 것도 방지할 수 있다.

■ 가스레인지 후드

가스레인지를 잠시 켜두면 후드의 기름기가 불게 되는데, 이때 가스레인지 후드 필터를 제거하여 후드 내부에 세제(알카리성 세제 : 물 : 락스=1 : 20 : 1)를 바른 뒤 1분 후 젖은 걸레로 닦고 마른 걸레로 다시 한 번 닦아낸다.

■ 바닥청소

빗자루로 주방 바닥을 쓸어낸 후 청소용 통에 세제를 물에 풀어 바닥에 놓는다. 주방 바닥에는 기름기가 많으므로 신경 써서 닦는다. 주방 벽면까지 잘 닦는다. 청소 후 물기가 남지 않도록 닦아내는 것이 가장 좋다.

■ 유리창 및 간판 청소

전면 유리는 유리 세정제를 유리에 가볍게 분무하여 신문지로 닦아낸 후 마른걸레로 마무리한다. 매장 안부터 닦고 바깥을 닦는다. 현관 유리는 유리 세정제를 유리에 분사한 후 신문지로 닦는다. 매장 안부터 닦고 바깥을 닦는다. 손잡이도 닦아 준다. 주방 매장 유리 기름기가 많이 끼어 있으므로 특히 주의해서 닦아야 한다. 먼저 키친타올로 기름기를 1차 제거한 후 전면 유리를 닦는 것과 같은 방식으로 닦는다. 간판의 경우는 2년 1~2회 청소를 실시하며 형광등은 수시로 체크를 하여야 한다.

[서비스 매뉴얼(예시 1)]

작업명	인사말	행동	주의점
환영	"어서 오십시오."	마음속으로 감사의 뜻을 되새기면서 고객 눈을 보고 가볍게 인사하면서 말한다.	인사는 "구호"가 아니고 자연스러운 마음의 표현이어야 한다. 대화 시 자세는 양손을 가볍게 모으고 배꼽 아래로 내린다.
안내 (안내자가 없을 경우 또는 바쁠 때)	"몇 분이십니까?" "고객님, 이쪽으로 오시겠습니까?" "잠시만 기다려 주십시오."	손바닥 전체로 방향을 가리키고 2~3걸음 비스듬히 고객 앞을 천천히 걷는다. 인사 후 가볍게 고개를 숙이면서 "잠시만 기다려 주십시오"라고 인사한 뒤 돌아 나온다.	고객이 안내한 좌석이 아닌 다른 좌석을 원할 경우는 고객의 뜻에 따라야 한다.
계산 시	"식사 맛있게 하셨습니까?" 얼마입니다. "ㅇㅇ원 받았습니다." "잔돈 얼마입니다. 감사합니다." "금액 확인하시고 서명하여 주십시오." "감사합니다."	주문메뉴 내용을 고객에게 확인시켜 준다.	카드전표가 출력되는 동안 "식사 중 불편함이 없으셨습니까?"라는 관심을 표현할 것

[서비스 매뉴얼(예시 2)]

고객	행동	인사말	주의사항
주문	메뉴북 제공	간단한 인사를 하면서 메뉴북을 제공한다.	로고가 앞에 똑바로 보이도록 메뉴북을 전달한다.
	주문서와 볼펜을 지참한다.	“주문하시겠습니까?”	두 번 질문이 들어가지 않도록 주의깊게 듣는다.
	어떤 음식이 맛있나요?	“삼선짜장이 맛있는데 한번 드셔보시겠습니까?”	지정 제품을 명확히 알려 주는 것이 좋다.
	삼선자장 주세요	“예, 삼선짜장 하나 주문하셨습니다.”	주문이 완료되면 한 번 더 확인한다.
	예	“약주하시겠습니까?”	주문이 끝나면 필히 알코올류의 추가 주문을 확인한다.(매출과 연계된다)
	아니요	“예, 알겠습니다.”	추가 주문이 없더라도 고객이 미안해하지 않도록 확실하게 대답한다.

[서비스 매뉴얼(예시 3)]

접점	직원행동	화법
계산대로 이동	인사	감사합니다.
	만족도 확인	식사는 맛있게 드셨어요? 불편하신 점은 없으셨습니까?
	금액확인	계산은 ○○원 나왔습니다. 감사합니다. ○○원 받았습니다. 거스름돈 얼마입니다. 현금영수증 준비해드리겠습니다.
	명함전달	저희 명함 한 장 드리겠습니다. 다음에 전화주시고 오시면 더 정성껏 준비해놓겠습니다. 저도 명함 한 장 주시겠습니까? 분기별로 명함추첨을 통해서 상품권을 드릴 예정입니다. 감사합니다. 감사합니다. 안녕히 가십시오.
화장실 위치 안내	위치안내	나가시자마자 오른편에 있습니다.

예약 문의	예약설명	저희 명함입니다. 다음에 방문하실 때는 미리 예약을 주시면 좋은 자리로 준비해 드리겠습니다.
예약 취소	확인	어느 분 존함으로 예약주셨습니까? 네, 취소해드렸습니다. 다음에 꼭 다시 이용해 주시구요. 전화주셔서 감사합니다.

3) 매출 분석 및 목표 매출 타겟팅

송도장어 2021년 6월 Daily Target

날짜	요일	5월 매출	6월 매출 목표	당일 매출	전월 대비	목표 대비	영수건수	영수단가
1	화	23,445,500	9,000,000	7,774,000	33.16%	86.38%	76	102,289
2	수	19,769,500	10,000,000	9,407,500	47.59%	94.08%	70	134,393
3	목	7,946,000	8,000,000	6,550,000	82.43%	81.88%	60	109,167
4	금	12,040,500	10,000,000	8,650,000	71.84%	86.50%	73	118,493
5	토	18,877,500	22,000,000	21,477,500	113.77%	97.63%	178	120,660
6	일	9,376,500	20,000,000	18,571,000	198.06%	92.86%	159	116,799
7	월	10,361,000	8,000,000	5,931,500	57.25%	74.14%	50	118,630
8	화	25,267,000	9,000,000	6,818,000	26.98%	75.76%	53	128,642
9	수	17,436,500	10,000,000	6,358,500	36.47%	63.59%	54	117,750
10	목	7,908,500	10,000,000	9,108,500	115.17%	91.09%	65	140,131
11	금	8,011,500	11,000,000	10,536,000	131.51%	95.78%	88	119,727
12	토	9,222,500	23,000,000	19,348,500	209.80%	84.12%	162	119,435
13	일	8,284,000	21,000,000	23,114,000	279.02%	110.07%	178	129,854
14	월	7,894,000	9,000,000	9,586,500	121.44%	106.52%	66	145,250
15	화	18,804,000	9,000,000	6,739,000	35.84%	74.88%	55	122,527
16	수	16,776,000	10,000,000	8,233,500	49.08%	82.34%	65	126,669
17	목	7,039,500	10,000,000	7,329,500	104.12%	73.30%	69	106,225
18	금	8,963,500	11,000,000	10,502,500	117.17%	95.48%	91	115,412
19	토	16,106,000	23,000,000	20,563,000	127.67%	89.40%	174	118,178
20	일	5,318,000	22,000,000	20,987,500	394.65%	95.40%	163	128,758
21	월	6,814,000	10,000,000	7,335,500	107.65%	73.36%	66	111,144
22	화	19,740,000	10,000,000	9,358,000	47.41%	93.58%	72	129,972
23	수	14,438,000	11,000,000	8,546,000	59.19%	77.69%	69	123,855
24	목	5,393,500	11,000,000	7,990,000	148.14%	72.64%	64	124,844
25	금	7,385,500	12,000,000	11,053,000	149.66%	92.11%	80	138,163
26	토	6,981,000	24,000,000	22,664,000	324.65%	94.43%	188	120,553
27	일	9,927,000	22,000,000	20,307,500	204.57%	92.31%	165	123,076
28	월	10,614,000	10,000,000	10,378,500	97.78%	103.79%	85	122,100
29	화	22,839,500	11,000,000	10,237,750	44.82%	93.07%	90	113,753
30	수	20,130,000	11,000,000	8,257,400	41.02%	75.07%	68	121,432
31		10,182,500			0.00%	#DIV/0!		#DIV/0!
TOTAL		393,292,500	397,000,000	353,714,150	90%	89%	2,896	122,139
					전월 대비	목표 대비		
일평균		12,686,855	13,233,333	[illegible]	[illegible]	[illegible]	[illegible]	

4) 고객 확보 및 유지 관리

(1) 고객 확보

- 온/오프라인 마케팅을 통한 홍보
- 프로모션 실행(할인, 1+1, 경품 등)
- 업체 제휴(여행사, 기업체, 관공서 등)

(2) 고객 응대

- 경쟁사와 차별화된 고객서비스 제공
- 위생적이고 청결한 매장 환경 제공
- 고객의 기대치를 능가하는 경험 제공

(3) 고객유지

- 만족한 고객들의 재방문 유도
- 철저한 매장 QSC 관리 상태 유지
- 단골 고객 확보 및 단체 회식 유도

Epilogue

맺음말

2019년 8월에 "외식경영컨설팅 실무매뉴얼 – 시장조사편"을 출간하고 코로나19와 개인적인 핑계로 3년이 넘어 이제야 두 번째 서적을 출간하게 됨을 송구스럽게 생각한다.

"외식경영컨설팅 실무매뉴얼 – 창업실무편"은 외식업을 시작하는 초보 예비 창업자들을 위한, 때로는 프랜차이즈 본부 점포개발 담당자들을 위한 그리고 음식 실력은 정말 출중하지만 막상 내 가게를 내고자 하니 시작할 엄두가 안 나는 조리사 출신의 예비 사장들을 위한 지침서가 되길 바라는 마음으로 펴냈다.

창업은 비즈니스를 시작하기 위한 준비 과정일 뿐이다. 창업해서야 비로소 비즈니스의 스타트 라인에 설 수 있게 된다. 이 레이스에서 승리하기 위해서 스타트를 최상의 컨디션으로 유지하지 않으면 안 된다. 실제 외식업 운영을 착수해 보면 예상외로 어려운 문제가 줄을 이을 것이다.

본서에서 외식창업의 실무과정을 배웠다면, 2023년 상반기에는 창업한 매장을 성공적으로 운영할 수 있는 노하우가 담긴 '외식경영컨설팅 실무 매뉴얼 - 매장운영실무편' 서적을 출간할 예정이다.

올해로 18년을 맞는 외식경영컨설팅 전문기업 (주)핌코리아와 함께 외식업 창업을 준비하는 많은 분들이 급변하는 소비자들의 많은 사랑을 받는 성공적인 식당을 만들어가는 좋은 열매를 맺기를 바라며 또한, 함께 대한민국 외식업 경기도 서둘러 회복될 수 있기를 진심으로 바라본다.

외식경영컨설팅 (주)핌코리아

대표 컨설턴트 한 영 만

참고문헌

KOSIS 국가통계포털(kosis.kr)

통계청 홈페이지(kostat.go.kr)

aT FIS 식품산업통계정보 2018년 식품산업 주요통계 보고서

특허청 홈페이지(www.kipo.go.kr)

특허로 홈페이지(www.patent.go.kr)

Basic Marketing, 1960

[네이버 지식백과] 실용신안(시사경제용어 사전, 2017. 11., 기획재정부)

외식경영 컨설팅 실무 매뉴얼 – 창업실무편

2022년 10월 10일 초판 인쇄
2022년 10월 20일 초판 발행

저 자 한 영 만
발행인 한 인 환
발행처 도서출판 **기 문 사**
등 록 1978. 8. 9. NO. 6-0637
주 소 서울시 동대문구 안암로 50-1(용두동) 홍신빌딩 3층
전 화 02) 2265-7214/922-8662~8663
팩 스 02) 922-8772

homepage : www.kimoonsa.co.kr
e-mail : book@kimoonsa.co.kr

ISBN : 978-89-7723-924-1 93590

정가 : 17,000원

저자와의 협의하에 인지생략